ESTOU COM MEDO!

Os contos como método para a superação
dos temores das crianças

Ana Gutiérrez
Pedro Moreno

ESTOU COM MEDO!

Os contos como método para a superação
dos temores das crianças

Dados Internacionais de Catalogação na Publicação (CIP)
(Câmara Brasileira do Livro, SP, Brasil)

Gutiérrez, Ana
　　Estou com medo! : os contos como método para a superação dos temores das crianças / Ana Gutiérrez, Pedro Moreno ; [tradutor: Eduardo Maretti]. – São Paulo : Paulinas, 2016. – (Coleção psicologia, família e escola)

　　Título original: Los niños, el miedo y los cuentos : cómo contar cuentos que curan.
　　ISBN 978-85-356-4108-0

　　1. Histórias para crianças - Uso terapêutico 2. Medo em crianças I. Moreno, Pedro. II. Título. III. Série.

16-00936　　　　　　　　　　　　　　　　　　　　　CDD-155.4

Índice para catálogo sistemático:
1. Medo em crianças : Psicologia infantil 155.4

1ª edição – 2016

Título original da obra: Los niños, el miedo y los cuentos
© Editorial Desclée de Brouwer S.A., Bilbao, España, 2011.

Direção-geral: *Bernadete Boff*
Editora responsável: *Andréia Schweitzer*
Tradução: *Eduardo Maretti*
Copidesque: *Ana Cecilia Mari*
Coordenação de revisão: *Marina Mendonça*
Gerente de produção: *Felício Calegaro Neto*
Projeto gráfico: *Manuel Rebelato Miramontes*
Capa e diagramação: *Irene Asato Ruiz*
Imagem de capa: *© adam121 - Fotolia.com*

Nenhuma parte desta obra poderá ser reproduzida ou transmitida por qualquer forma e/ou quaisquer meios (eletrônico ou mecânico, incluindo fotocópia e gravação) ou arquivada em qualquer sistema ou banco de dados sem permissão escrita da Editora. Direitos reservados.

Paulinas
Rua Dona Inácia Uchoa, 62
04110-020 – São Paulo – SP (Brasil)
Tel.: (11) 2125-3500
http://www.paulinas.org.br
editora@paulinas.com.br
Telemarketing e SAC: 0800-7010081
© Pia Sociedade Filhas de São Paulo – São Paulo, 2016

A meu marido,
por seu amor e sua fé em mim,
e a meus filhos,
por seu amor e pela alegria que dividem comigo.

Ana Gutiérrez

A minha companheira no caminho,
por sua criatividade e seu amor verdadeiro.

Pedro Moreno

Sumário

Nota dos autores 11

Agradecimentos 13

Prólogo 17

Introdução 19

CAPÍTULO 1
O medo e as crianças 25
   O medo que nos ajuda a sobreviver 27
   O medo está nos genes: os medos evolutivos 30
   O medo está no ambiente:
   o medo também se aprende 34
   O medo infantil e suas vantagens "perversas" 36
   As crianças expressam o medo
   de outra forma 37
   A linguagem do medo infantil 38
   A cada medo o seu remédio 39

CAPÍTULO 2
A imaginação, a fantasia e a sugestão 43
   A fantasia e as imagens nas crianças 44
   A capacidade de sugestão 50
   Os contos e sua mágica intervenção 57

Capítulo 3
Como criar e contar histórias que curam 61
  As partes do conto 61
  A chave do conto: como contá-lo 62
  O melhor contador de histórias 68
  Como criar os personagens do conto 69
  Uma boa trama para o conto 71
  Modelos de contos prontos para usar 72
  A magia curativa dos contos 77

Capítulo 4
Contos para ajudar as crianças 79
  Breve guia para adaptar contos 80
  O medo de morrer 83
  Medo de escuro 91
  Medo de ficar só ou de ser abandonado 100
  Medo de não ser amado 104
  Medo de ser ignorado 108
  Medo sem causa aparente 110
  Medo de que só "meu irmão" seja amado 113
  Medo da escola 121
  Medo de barulhos 127
  Medo de engasgar 135
  Medo de injeção 140
  Medo de estranhos 147

Capítulo 5
Algumas ferramentas úteis contra o medo.......................... 157

    Guia de primeiros socorros:
    decálogo contra o medo 157

    Relaxamento para crianças: como um balão................... 159

    Relaxamento para adultos.. 163

    Decálogo para serenar-se e serenar................................ 167

    Cartões das emoções.. 170

    Desenho espontâneo, mandalas e canções..................... 174

Capítulo 6
Epílogo.. 185

Bibliografia... 187

Nota dos autores

As informações e os exercícios propostos servem como material educativo que pode ajudar o leitor a entender e ajudar as crianças que sofrem com medos. Contudo, ainda que este manual prático proporcione descrições detalhadas de como os autores lidam com os medos infantis, não deve ser empregado para substituir o diagnóstico e o tratamento de um especialista em psicologia clínica.

Endereço dos autores na internet: <www.clinicamoreno.com>.

Agradecimentos

Hoje, amanhã e cada dia de minha vida quero agradecer a meu marido por seu amor, compreensão e ensinamentos ao longo dos anos que compartilhamos juntos e que deram como fruto este livro. Agradeço muito, hoje e sempre, a meus filhos, Cristina e Pedro, por sua alegria, seu amor, seu carinho, suas risadas e sorrisos e por escutar, ainda hoje, entusiasmados, as histórias que conto a eles. Os três são minha alma e minha vida. Amo-os.

Quero agradecer a meu pai pelas histórias que sempre tem para contar, de hoje e de ontem, que nunca se acabam, e pelos conselhos, nada impostos, que dá. E a minha carinhosa mãe, agradeço suas doces palavras, pois, esteja como estiver seu ânimo, são sempre cheias de amor. Minha mãe é capaz de associar uma canção a cada palavra importante, sempre usando um amável sorriso que nos acalma e tranquiliza. E lá onde estiverem, quero agradecer a meus avós pelo tempo que estiveram comigo, pelos contos e poesias, pela vida compartilhada, pelas histórias do tempo da guerra e do pós-guerra e pela alegria infinita. Meus pais e meus avós me incutiram a ética e o rigor que conduzem meu caminhar pela vida. As histórias que me contaram e os contos com os quais me encantaram pautaram meu dia a dia e serviram de guia na elaboração de alguns destes contos.

A meus irmãos, quero agradecer por terem me permitido narrar-lhes os contos e as histórias familiares que nossos pais e avós contavam. A felicidade que lhes proporcionavam gerou em mim o prazer e o interesse pelas narrativas.

A minha querida sogra Estefania, agradeço a serenidade com a qual contava suas coisas, suas histórias, e a paz com que escutava as minhas. Quero também agradecer a meu sogro pela clareza com que expõe suas ideias e por nos deleitar, em alguns momentos, com os acordes de seu violão.

Quero agradecer ainda às famílias que, depositando confiança em mim, permitiram que me aproximasse de seus filhos e lhes contasse estes e outros contos. Graças a sua confiança, contribuíram para que os medos de seus filhos deixassem de existir.

E, de antemão, quero agradecer a todos e a cada um dos nossos leitores. Sem eles, nada disto seria possível.

Obrigada hoje e sempre.

Ana Gutiérrez

A vida oferece muitas coisas. Umas boas e outras nem tanto. Aparecem pessoas com promessa de relações eternas, mas que logo somem. E surgem outras, quase por acaso, que permanecem junto a você de uma maneira nunca sonhada, dedicando carinho, compreensão, segurança, risos (e também lágrimas), sabedoria, coerência, criatividade (anárquica às vezes, como costuma ser a criatividade) e muitos outras características que podemos englobar na palavra felicidade, no seu sentido mais profundo.

Encontro o melhor exemplo deste tipo de pessoas em uma menina que conheci, por pura sorte, há mais de 25 anos em uma biblioteca, enquanto pendurava um cartaz em busca de colaboradores para minha revista do instituto. Perguntei-lhe, por curiosidade, se estava interessada em minha revista e surgiu uma atração magnética instantânea, difícil de expressar em palavras. Graças a ela, em boa medida, pude viver todo um mundo de transformações pessoais que considero muito positivas. Vinte e cinco anos depois, estou em condições de afirmar com total segurança que essa mulher possui qualidades excepcionais para transformar as pessoas que a rodeiam, incluindo seus pacientes. Colaborar com ela neste livro foi uma honra e uma experiência de aprendizagem para mim. Obrigado, Ana.

Pedro Moreno

Prólogo

A ideia desta obra surgiu, faz algum tempo, da forma mais fortuita e casual. Minha colega Ana Gutiérrez e eu trabalhamos juntos há mais de quinze anos. Ela sempre me pareceu uma psicóloga muito criativa, pois nunca se limitou a colocar em prática o que dizem os manuais de tratamento psicológico mais comuns. De fato, admiro sua grande intuição com os pacientes, que lhe permite enxergar, em muitos casos, além das palavras por eles ditas. Tem um talento especial para sentir as emoções dos pacientes e conectar-se com eles, embora – devo admitir, ainda que seja um pouco indiscreto – no início de sua carreira isso lhe causasse bastante sofrimento, pela dificuldade de proteger-se da dor que frequentemente esses pacientes trazem à terapia. Precisamente, esta grande capacidade de empatia é o que permite a ela se conectar com as crianças, até se acercar do feitiço.[1] Pode captar os matizes de seus medos e penetrar no mundo de suas fantasias e emoções com grande habilidade.

E como surgiu este livro? Um dia, enquanto organizava algumas ideias para meu próximo livro, descobri que minha colega já tinha toda uma coleção de contos que foi elaborando ao longo dos anos para ajudar seus pequenos pacientes com relação a medos. Naquele momento, isso me pareceu emocionante, foi como se tivesse descoberto um tesouro no

---

[1] O autor usa o termo "bordear el embrujo" (que se poderia traduzir também como "tatear o feitiço" – ou "malefício", o mal que aflige o paciente), bonita metáfora que se vale de um termo usado na psicanálise (contornar, acercar-se do problema ou trauma a ser tratado). (N.T.)

sótão, que, com um pouco de esforço, poderia ser trazido à luz e desfrutado. E, assim, começamos a preparar este livro. Selecionamos os contos mais representativos entre os utilizados para tratar dos medos infantis e organizamos o necessário para que qualquer pessoa interessada em ajudar crianças com medo pudesse usar as ferramentas que minha colega vinha utilizando havia anos, de maneira muito intuitiva e criativa. Interessava-nos apresentar não apenas os textos dos contos, mas também mostrar como se constroem e são contadas essas histórias, de forma a entrar no canal das emoções das crianças e ajudá-las a crescer felizes e sãs.

Apesar da dificuldade inerente a traduzir em palavras aquilo que fazemos na clínica, creio que o resultado final deste livro foi bem-sucedido. Seguramente poderia ser mais extenso, pois sempre há detalhes a acrescentar e matizes a estabelecer, mas o conteúdo selecionado será de grande utilidade tanto aos pais e mães das crianças que sofrem com seus medos, como a professores, pediatras, psicólogos e outros profissionais que estão em contato com esses pequenos seres que tanto precisam de nós.

Pedro Moreno
Doutor em Psicologia
Especialista em Psicologia Clínica
Serviço Murciano de Saúde

Introdução

Muitas são as situações que provocam medo nas crianças. Não importa se é medo de dormir com a luz apagada, de trovão ou da escola. Com frequência, surpreendem-nos com seus temores, pois às vezes são totalmente inesperados e até ridículos para a mente de um adulto. Mas o medo, quando presente, pode se tornar muito perturbador tanto para a criança como para os pais e para os que cuidam dela. A criança chora, fica rígida, agarra-se com força à sua mãe ou ao seu pai, não quer separar-se deles e seu semblante expressa sofrimento.

Diante de uma situação como essa, tentamos "raciocinar" com nosso filho, fazer com que veja que seu temor não tem fundamento. Que os trovões são normais durante uma tempestade, que não vai acontecer nada. Que dormir com a luz apagada é tão seguro quanto com a luz acesa. Afinal, quando fecha os olhos – dizemos-lhe com a voz mais calma possível –, tanto faz se a luz está acesa ou não... Dizemos também à criança, quando nos aproximamos da escola, que tudo vai dar certo, que vai ficar bem com seus amiguinhos e que pode ficar tranquila que voltaremos para pegá-la no final da aula... Entretanto, em todos os casos, quando chega o momento de apagar a luz, de ficar na escola ou quando o trovão seguinte ressoa, senão antes, a criança já está chorando, agarrada a nós e com o rosto contorcido. Parece que não escutou nada do que lhe dissemos.

E, de algum modo, é isso mesmo que aconteceu. A criança não escutou nada do que lhe dissemos com a parte do cérebro que fala a linguagem do medo. As emoções e a linguagem lógica e racional não compartilham os mesmos circuitos cerebrais. O cérebro é formado por dois hemisférios, que tradicionalmente são associados a funções diferentes. Assim, ao hemisfério esquerdo atribuem-se, entre outras funções, a compreensão lógica da linguagem, os raciocínios, o detalhe, enquanto ao direito é atribuída a análise global da informação, por assim dizer, no sentido poético ou emocional do que escutamos (Watzlawick, 1980). Segundo pesquisas neurocientíficas atuais (Rosenzweig et al., 2005), devemos admitir que o mapa neural de muitas funções cerebrais ainda não é muito claro, mas a experiência clínica demonstra que o uso de linguagem metafórica como a empregada nos contos infantis é uma excelente forma de ajudar a resolver os medos das crianças (Stott, Mansell, Salkovskis et al., 2010).

O medo nas crianças é todo um mundo desconhecido para muitos adultos – inclusive os pais – e para profissionais da saúde que não trabalham com esses pacientes. O medo de estranhos, do abandono, da escuridão, da morte... são alguns, mas não todos os medos que as crianças experimentam. Os medos infantis podem agrupar-se em três categorias: 1) medos adaptativos, 2) medos evolutivos e 3) fobias.

Os *medos adaptativos* são aqueles proporcionais aos perigos e ao que a criança enfrenta. Esses medos têm uma função protetora, adaptativa e, obviamente, não requerem tratamento. Sem o medo adaptativo seria impossível sobreviver (por exemplo: os carros nos atropelariam se atravessássemos a rua sem olhar, cairíamos pela janela se quiséssemos pegar algo que está fora de nosso alcance etc.).

Os *medos evolutivos* são um conjunto típico de medos que aparecem nas fases de desenvolvimento da criança e que se relacionam com a maturidade neuropsicológica e a aquisição de novas habilidades cognitivas. Os pais e cuidadores devem conhecer esses medos para canalizá-los adequadamente, já que lidar com eles inadequadamente pode conduzir ao desenvolvimento de fobias.

As *fobias* são medos que se tornam excessivos ou irracionais. Quando o medo se converte em fobia, não se pode esperar que desapareça por si só, com o mero passar do tempo. A fobia infantil se converte então em uma fonte importante de sofrimento para a criança e para quem dela cuida, e pode chegar a causar uma grave disfunção no seu desenvolvimento, não só em nível emocional ou psicológico, mas também no desempenho escolar e na sociabilidade.

Como as estratégias habituais de tranquilizar a criança não costumam dar resultado na abordagem dos medos fóbicos, às vezes é inevitável que os pais entrem numa espiral frustrante de controle dos medos infantis pela via racional. A criança não consegue dominar seu medo, apesar dos conselhos tranquilizadores de seus pais ou cuidadores, e estes se sentem cada vez mais impotentes diante do medo crescente da criança. O resultado costuma ser um binômio emocional sinérgico – nada recomendável – de medo e frustração, que não faz senão incrementar o problema emocional da criança.

E é aqui, precisamente, que observamos que os contos terapêuticos constituem uma poderosa ferramenta para abordar os medos infantis.

Por meio da criação de contos personalizados para cada criança é possível estabelecer contato com o canal emocional do medo infantil, canalizando e resolvendo deste modo as emoções disfuncionais. Os contos terapêuticos, quando se adaptam ao perfil particular de medo de cada criança, podem produzir resultados excelentes.

O que você vai encontrar neste livro?

Para cumprir nosso propósito, elaboramos o seguinte plano. No primeiro capítulo, abordamos o mundo dos medos infantis, para contextualizar essa emoção e conhecer os matizes que separam os medos evolutivos dos patológicos, os modos particulares nos quais se expressa o medo infantil (que diferem da maneira como acontece com os adultos) e as "vantagens perversas" que obtemos em relação ao medo quando educamos nossos filhos. Fechamos esse capítulo com alguns conselhos práticos para prevenir o surgimento de medos patológicos nas diferentes etapas do desenvolvimento infantil.

No segundo capítulo, desenvolvemos as principais ideias que devemos ter presente sobre a fantasia e a capacidade de sugestão das crianças. Quando a capacidade de racionalização não se fez presente em todo o seu esplendor, como se dá com as crianças, a fantasia e a sugestão dominam a percepção do mundo e, como consequência, tem-se dificuldade para controlar as emoções. Discorremos também sobre o papel que os contos podem desempenhar nesse mundo de fantasia infantil no qual aparecem os medos.

Já introduzidos na matéria, no terceiro capítulo adentramos nos meandros da arte de criar e narrar contos que curam. Explicamos as partes dos contos e as chaves para contá-los, como converter-se em um grande contador de histórias e como criar personagens de contos terapêuticos. Também incluímos pistas para elaborar a trama de um conto terapêutico personalizado e alguns modelos prontos para usar como recursos criativos. Finalizamos esse capítulo com a exposição das principais vantagens do uso dos contos terapêuticos personalizados.

No capítulo quatro, reunimos doze contos utilizados na terapia com crianças para curar medos. Esses contos selecionados englobam os medos fóbicos mais frequentes das crianças: medo de morrer, da escuridão, de ficar só, de ir à escola, de não ser querido, de ser ignorado, de que o irmão seja mais amado, dos barulhos, das injeções e de estranhos... Também incluímos um conto para o medo em seu estado puro, sem causa aparente. Esse capítulo traz um breve guia para adaptar os contos às circunstâncias particulares de cada criança.

No último capítulo, apresentamos algumas ferramentas complementares que podem ser muito úteis aos pais de crianças com medo: breve guia de *primeiros socorros* contra o medo, estratégias de relaxamento, tanto para crianças como para adultos, um decálogo para se acalmar e tranquilizar a criança, "cartões de emoções", mandalas e recomendações musicais para o medo (outra importante via de acesso às emoções). Finalizamos com algumas leituras recomendadas para ampliar aspectos que podem interessar ao leitor.

Capítulo 1

O medo e as crianças

A vida é maravilhosa quando não se tem medo dela.
(Charles Chaplin)

Se a vida entra pelos cinco sentidos provocando-nos emoções... por que na imensa maioria das vezes nos privamos do prazer de senti-las? Provavelmente, o excesso de estímulos de nossa atual sociedade gere um denso véu, o qual, ainda que não nos impeça de ver o todo, de fato nos insensibiliza de tal forma, que não conseguimos nos conectar a um sentido mais profundo da vida e das coisas importantes.

O conhecimento que temos do mundo se forma com a soma das experiências concretas que temos na vida, estendendo-as, extrapolando-as a outras experiências novas. Temos a necessidade de atribuir-lhes um significado em palavras, dando-lhes, dessa forma, a estrutura de crença. São as pressuposições que temos sobre as coisas que muitas vezes perpetuam os problemas. Pois, quando algo nos preocupa, tentamos dar-lhe uma explicação, buscando-a nessas crenças, nessas pressuposições, dirigindo nossa atenção para o problema. Isso provoca maior tensão, preocupação, dor física e/ou emocional.

Com os medos acontece algo semelhante, tanto entre os adultos como entre as crianças. Com a ressalva de que, quanto menos idade temos, menos ideias preestabelecidas possuímos. E, como consequência, se usamos estratégias de enfrentamento para lidar com o medo a partir da emoção, tudo será mais simples, pois não o estaremos comparando com nenhum preconceito estabelecido. Desde o momento do nascimento até os cinco ou seis anos, as crianças percebem a realidade menos embrutecida, pois não lhe atribuem uma explicação de modo automático. Mais adiante a coisa muda, graças ao fato de que vamos nos encarregando de dar a elas a principal ferramenta de conhecimento do ser humano, a linguagem.

A criança está preparada para captar algumas coisas, e não outras, pois, como diziam os filósofos antigos, o conhecimento começa nos sentidos. Está preparada para olhar, mas não para ver. Sua inteligência é geradora de imagens, principalmente descritivas, em vez de reflexivas.

A parte executiva do cérebro, a que toma decisões racionais, está situada no lóbulo frontal e seu desenvolvimento só termina depois da adolescência. Mas, até esse momento, ainda que as crianças possuam essa parte do cérebro, não conseguem controlar a capacidade de planejar de forma racional. Não conseguem adiantar-se a seu tempo, biologicamente falando.

Por isso, olham, mas não veem. Sentem sem interpretar. A linguagem é o processo que nossa inteligência usa para entender o que faz. Não sabemos como os seres humanos a criaram, mas o fato é que graças a ela o cérebro funciona de modo singular. Os sentimentos, as opiniões, os desejos surgem traduzidos por palavras.

E, posto que não nascemos falando, é essencial prestar atenção ao modo pelo qual a criança constrói seu mundo. A representação que faz do mundo em que vive vai se basear em suas experiências, em sua história pessoal, familiar, social, educacional. Vai lhe servir para interpretar suas experiências futuras. Por isso, a maneira pela qual nós, adultos, fazemos-lhe chegar o mundo por meio de nossas interpretações marcará o antes e o depois na percepção do que ela sente.

O medo que nos ajuda a sobreviver

O medo possui a faculdade de enxergar além do que nossos olhos podem ver e tornar tudo maior do que é. O medo é uma emoção normal, inclusive necessária para a sobrevivência. Temer o fogo, tudo bem. E os precipícios também. É uma emoção que está ancorada em nossos genes. Em outras palavras, assim como os animais, nós a possuímos. De fato, pensemos em qualquer animal diante de uma situação de perigo para sua vida. Provavelmente, fugirá ou se fará de morto. Qualquer uma dessas reações será normal e necessária para sua sobrevivência.

Primeiro vem o temor ao perigo. Fugir diante dele é um ato posterior. Nosso organismo reage gerando reações físicas que nos desconcertam e, ainda que, devido à pouca idade, não as possamos interpretar, as sentimos, e elas provocam desassossego, intranquilidade. Assim, uma criança pequena, que ainda é muito intuitiva por possuir menos interpretações estabelecidas do mundo, se deixa levar pela sensação que experimenta sem a analisar.

Da mesma maneira que a dor física atua como um alarme de que algo de ruim está acontecendo ao corpo, o medo chama a atenção psicológica de que algo pode comprometer a integridade ou bem-estar emocional da pessoa. O medo cumpre uma função adaptativa, impedindo que nos arrisquemos em situações nas quais poderíamos sair feridos.

Os temores infantis variam dependendo da personalidade e do caráter da criança, bem como das situações que ela vive. De modo geral, porém, são universais. Começam por volta do primeiro ano de vida, e se apresentam com maior incidência até os seis ou sete anos.

Nesse período, a criança começa a ter medo dos insetos, dos animais, da escuridão, de pessoas e brinquedos desconhecidos, de ruídos fortes, dos trovões, das tempestades, da morte etc. A maioria desses medos será passageira, são experiências de pouca intensidade, como é o caso do medo de estranhos nos primeiros anos de vida, que facilita o apego aos conhecidos e a fuga daquilo que a criança não conhece, evitando a possibilidade de lhe machucarem ou de que ela se deixe levar por qualquer um. Apesar de que pode acontecer o contrário: para o filho de uns amigos nossos não há tempo ruim, e seus pais precisam manter "vigilância estrita" quando saem de casa. Mas é um caso excepcional.

Efetivamente, o medo está presente em nós, ancorado nos genes. Acompanha-nos sempre. É necessário para evitar perigos, para manter nossa integridade física. O medo não é um problema, a não ser que se converta em problema.

Quando a reação diante da situação é exagerada e inapropriada, perturbando a qualidade de vida da criança, e, provavelmente, de sua família, podemos dizer que há um problema e passamos a chamar isso de fobia. O medo ajuda quando é uma reação adaptativa e proporcional à situação. Quando a reação ante a situação é desproporcional e provoca sofrimento, tanto para a criança quanto para os que convivem com ela, denominamos fobia, e é neste momento que devemos considerar tratá-la com ajuda de um psicólogo.

Vejamos um exemplo ilustrativo. Mila, de seis anos, é uma criança tranquila, brincalhona e muito carinhosa. Seus pais estão muito contentes com ela, pois "quase" não dá trabalho. Mas isso durante o dia, pois à noite parece transformar-se: ao anoitecer ela começa a ficar agitada, a ir de lá para cá, não consegue jantar, pois se forma uma bola em seu estômago. Fica arrumando desculpas para não ir para seu quarto, fica tensa, se altera, chora, agarra-se aos batentes da porta e, quando seus pais insistem para ela entrar, grita com eles. Seu rosto sofre uma impressionante metamorfose. O que acontece com Mila é que tem medo de dormir sozinha.

E o que pode acontecer se dormir sozinha? "Não há problema algum", poderíamos dizer a Mila. Mas, para ela, não é tão simples assim. As sensações físicas de tensão, suor frio, dor de estômago e boca seca são muito desagradáveis. Em seguida, ela imagina o que pode acontecer. Isso é o pior. Pois, ainda que não saiba o quê, tem certeza de que algo ruim vai ocorrer.

Seus pais lhe dizem que está tudo bem, que é tudo bobagem, que em seu quarto não há nada nem ninguém. Que eles estão ali e, se algo acontecer, irão correndo… mas que ela tem que ficar sozinha. Precisa ser corajosa.

Mas Mila não quer ser corajosa. Ela não quer sentir o que sente, e só consegue acalmar-se se alguém dormir com ela. Então, ela tenta. Vai para o quarto dos pais e eles, para não vê-la sofrer, dividem a cama com ela. Já temos os ingredientes: sensações físicas, imaginação, falta de compreensão e rejeição. É medo. E, o pior de tudo, temos uma solução provisória – deixá-la dormir com os pais –, que pode fazer com que o medo se torne crônico, convertendo-se em fobia.

Assim, o que começou sendo uma manifestação emocional normal e passageira, pode se converter em um problema para a qualidade de vida emocional em determinados momentos, tanto para a criança quanto para a família.

Passemos, então, a compreender um pouco mais os nossos medos.

O medo está nos genes: os medos evolutivos

Os diferentes estágios de desenvolvimento corroboram a preponderância de um ou outro tipo de medo. Vejamos a seguir quais medos aparecem em cada uma das etapas de desenvolvimento da criança, segundo Ollendick e Hersen (1993), apesar de que esta divisão pode resultar um pouco artificial em muitos casos.

Primeira infância: do primeiro até os três anos

Segundo alguns autores (Valiente et al., 2003), os bebês não manifestam sentimento de medo antes dos seis meses de vida. É a partir dessa idade que começam a experimentar medo de estranhos, de altura e outros, como, por exemplo, de animais e ruídos fortes. Estes medos possuem um alto valor adaptativo e se consideram programados geneticamente.

Entre um e dois anos e meio de idade, intensifica-se o medo de separar-se dos pais, ao qual se soma o medo do desconhecido. Embora o habitual seja esses medos desaparecerem progressivamente, à medida que a criança cresce, em alguns casos podem se manter até a adolescência e a idade adulta, tomando a forma de timidez. E, em casos menos comuns, manifestar-se como fobia social.

Fase pré-escolar: dos três aos cinco anos

As relações da criança se ampliam e se desenvolve a iniciativa, aumentando a autonomia espontânea e deliberada. Inicia-se uma evolução dos medos infantis, mantendo-se os da fase anterior e incrementando-se os possíveis estímulos potencialmente capazes de gerar medo.

Isto acontece paralelamente ao desenvolvimento cognitivo da criança, permitindo que entrem em cena os estímulos imaginários, os monstros, a escuridão, os fantasmas ou algum personagem de cinema. A maioria dos medos de animais começa a desenvolver-se nesta fase e pode perdurar até a idade adulta.

Fase escolar: entre os seis e os onze anos

O âmbito das relações interpessoais da criança se amplia na escola e no ambiente em que ela vive, com seus vizinhos. Surgem as ideias de competição e de cooperação com os demais, assim como sentimentos de superioridade ou inferioridade. A criança alcança a capacidade de diferenciar a realidade objetiva das representações internas de sua mente. Os medos serão agora mais realistas e específicos, desaparecendo os temores de seres imaginários ou do mundo fantástico. Agora aparecem temores mais ligados à realidade objetiva como sofrimentos físicos, acidentes, feridas, sangue e injeções.

Podem também se apresentar, dependendo das circunstâncias, temores de fracasso escolar e de crítica e medos diversos em relação a seus iguais (de algum companheiro em especial que pode parecer ameaçador ou agressivo). O medo da separação ou do divórcio dos pais pode se fazer presente nos casos em que a criança percebe um ambiente hostil ou instável na família.

Puberdade: entre os doze e os quinze anos

Sob todos os aspectos possíveis, a puberdade é uma época de rebelião hormonal com notáveis mudanças fisiológicas que deixam o pré-adolescente imerso num vaivém emocional. Surgem preocupações derivadas da crítica, do fracasso, da rejeição por parte de seus iguais (colegas de classe) ou de ameaças por parte de outras crianças de sua idade e que agora são avaliadas com maior inquietação. É comum também surgirem os medos derivados das mudanças da própria imagem, que ao final desta fase começam a aparecer.

Adolescência

A adolescência é a época do auge da puberdade, na qual se é invadido por uma falsa sensação de poder ilimitado. Por outro lado, o adolescente ainda não possui ferramentas de gestão emocional que lhe deem suporte e explicação para sua experiência no mundo. Do ponto de vista de sua habilidade com a comunicação, também se encontra em uma etapa diferenciada da vida. Embora conheça o mundo, às vezes não se sente apto a entendê-lo ou para ser compreendido. É uma espécie de rebelião constante, definida pela expressão, que parece universal nesta fase, o "mundo está contra mim, pois eu estou contra o mundo". É uma fase de ruptura com a barreira protetora familiar e de busca da própria identidade. Para isso contribui o fato de que os temores relacionados com o perigo e a morte diminuem, ainda que os temores da fase anterior permaneçam. Surgem, com maior força, os medos relacionados com o mundo interpessoal, o rendimento pessoal, as conquistas acadêmicas, esportivas e de reconhecimento por parte dos outros.

O medo está no ambiente: o medo também se aprende

Com nossas palavras, nós, adultos, forjamos uma forte estrutura de explicações do mundo para facilitar à criança sua maneira de lidar com a vida, desde o momento de seu nascimento. Frases como "cuidado, está quente, você vai se queimar!", ou "não, não ponha a mão aí... faz dodói!", são exemplos de que incutir o medo é uma ferramenta para evitar perigos. A verdade é que sem o medo pecaríamos por imprudência. Uma criança sem medo é um perigo para ela mesma e para os outros. O medo atua como sistema de segurança que ajuda a evitar o perigo.

Mas, independentemente da programação genética da criança para desenvolver os medos evolutivos normais da infância, alguns fatores podem incidir significativamente sobre eles e provocar sua perpetuação, com maior alteração e perturbação da qualidade de vida emocional, tanto das crianças como de suas famílias. Desenvolvem-se, desta maneira, o que denominamos fobias. Vejamos alguns exemplos.

Uma das variáveis estudadas são os padrões familiares. Segundo alguns estudos (Mendez et al., 2003), os pais com tendência a ser medrosos e/ou com mais transtornos de ansiedade geralmente têm filhos que desenvolvem medos ou ansiedade em maior proporção. Algumas teorias explicam esta hipótese com base no fato de que, diante de situações de incerteza, os filhos buscam e captam a informação sobre a reação emocional de quem cuida deles. Por meio da modelagem (aprendizagem que a criança efetua por observação de um modelo), os pais podem alterar ou moldar os medos de seus filhos em função das emoções que manifestem ou que a criança perceba.

Outro mecanismo de aquisição ou potencialização dos medos é a informação negativa (instruções verbais). Uma informação negativa sobre alguma situação ou estímulo concreto pode ser uma fonte geradora de temor. A capacidade de convicção virá condicionada pela relevância que tem, para a criança, a pessoa que emite a informação (Goleman, 1996).

Em alguns casos, é correto que os pais potencializem os temores, por exemplo, acerca de determinados riscos que correm, em especial, os adolescentes. Nessa fase, normalmente, eles acreditam mais nos colegas do que nos pais.

Há um tipo de medo que se adquire pelas experiências vividas, como o medo de não conseguir respirar. É o caso de crianças que sofreram ataques de asma ou despertaram repentinamente à noite com a sensação de não poder respirar.

Finalmente, cabe apontar como possíveis geradoras de medos em crianças outras experiências vitais desagradáveis ou traumáticas, como presenciar maus-tratos, brigas ou situações que lhes causem impactos emocionais (acidentes, morte de algum ente querido etc.), a que denominamos *aprendizagem observacional*. No pior dos casos, esses medos podem derivar em transtornos clínicos como fobias específicas (de um animal, de seringas, de subir em um carro, de palhaços), ansiedade generalizada ou estresse pós-traumático. Igualmente, é desaconselhável a visualização de programas de televisão, filmes ou outros que contenham imagens violentas ou de terror, quando a criança ainda não tem idade adequada para separar nitidamente a ficção da realidade.

O medo infantil e suas vantagens "perversas"

Há ocasiões em que também se utilizam os medos como ferramenta para controlar as crianças. Você já ouviu alguma vez frases do tipo: "Se não for dormir, o bicho-papão vem te pegar"? Como necessitamos que as crianças nos obedeçam e sabemos que o medo freia nossa conduta, ou nos faz sair correndo, nós o utilizamos como recurso rápido, para controlar a conduta inapropriada ou a desobediência. E funciona. Elimina a conduta, mas também gera medo… do "bicho-papão". Ou, melhor dizendo, medo de algo indefinido, desconhecido, que não se sabe como é. Mas que deve ser muito, muito mau, pois nos foi apresentado de tal forma que deve ser horrível, já que, mesmo sem conhecê-lo, provoca mal-estar e medo. Se a criança nos pergunta como é o bicho-papão, damos toda uma série de detalhes e o que nos poderia fazer: levar-nos com ele!

Explorar o medo como recurso de controle sempre foi utilizado para frear determinadas condutas humanas. Isso é ruim, quando feito de forma abusiva. No entanto, tal recurso não só é como continuará a ser usado. Mas, com isso, também conseguiremos que a criança, posteriormente, deixe de nos respeitar. Por quê? Pelo simples fato de que, mais adiante, vai ser necessário desmentir o que dissemos. Quando tivermos de explicar-lhe que bicho-papão não existe, estaremos informando que o que dissemos não era verdade. Então, ela vai ficar aliviada. Mas, então, mentimos? Nossa credibilidade nessa e em outras situações será colocada em questão. E não só isso. Também daremos a ideia de que se pode mentir para conseguir de outra pessoa algo que se quer.

As crianças expressam o medo de outra forma

Já sabemos que o medo é a reação normal que experimentamos quando estamos diante de estímulos (situações, objetos e pensamentos) que implicam perigo ou ameaça. Da mesma forma que os outros mamíferos, quando nos sentimos ameaçados, disparamos mecanismos que servirão para fugir ou atacar.

Esses mecanismos darão lugar a uma série de respostas que podemos catalogar em três diferentes níveis.

No *nível motor*, teríamos modificações na conduta ou nas expressões desta, que vão desde a imobilidade total até os ataques de pânico, com fuga desesperada da situação de perigo.

Em *nível fisiológico*, com mudanças que incluem: ritmo cardíaco acelerado, sudorese excessiva, tensão muscular, sensação de náusea, urgência de urinar e defecar, dificuldade em respirar, tremores, dilatação das pupilas, eriçamento de pelos, aumento da pressão arterial.

E no *nível cognitivo*, no qual os sentimentos e pensamentos podem ir do simples incômodo até o terror, passando pela urgência de escapar e gritar, irritabilidade, ira, agressividade, sensação de irrealidade, falta de concentração, pensamentos irreais etc.

Nas crianças, os medos se expressam como imagens das crises e dos sofrimentos que estão em seu interior. A visão de um pai ou uma mãe que bate ou grita pode estruturar-se em um fantasma ou no medo do escuro. Os monstros, os fantasmas, o bicho-papão, são as representações simbólicas do medo da separação, do divórcio dos pais, da morte e tantos outros.

A linguagem do medo infantil

O medo é contagioso. Aqueles pais que mostram ansiedade ante a separação de seus filhos acabam por contagiá-los. Do mesmo modo, os pais inseguros, ameaçadores, que incutem a culpa e têm baixa autoestima também podem contagiar com suas emoções negativas, produzindo muitos danos.

O medo pode ser superado se as crianças o enfrentarem e comprovarem que nada de mal irá acontecer a elas. O tratamento dos medos infantis consiste basicamente em fazer a criança enfrentar aquilo que teme de maneira serena, com paciência, sem crítica nem aborrecimento. Falar e desenhar sobre o medo também pode ajudar, ainda que, em algumas ocasiões, seja necessário o cuidado de um psicólogo.

O medo asfixia a serenidade das crianças e não lhes permite viver seus dias de forma tranquila. É importante ficar atento para que, caso o medo apareça, seja logo esquecido, ou, antes, evitar que surja. Para isso, os pais devem criar ambientes favoráveis em casa. Evitar certos noticiários de televisão e, se ou quando os assistirem, explicar as cenas à criança, de maneira clara e concreta, sem detalhes escabrosos. Não usar palavras ameaçadoras nas discussões familiares, tais como "você não gosta de mim", "um dia desses vou embora", "estou tão cansado, que não sei do que sou capaz", "não aguento mais!". Esse tipo de mensagem gera na criança insegurança e ansiedade, que se fazem representar mais tarde como monstros, fantasmas e sombras.

Muitos dos fantasmas e monstros das crianças são o produto, o modo de manifestarem algo que no dia a dia veem, vivem, sentem e não conseguem compreender, ou, simplesmente, que não querem que aconteça. Referimo-nos às discussões, brigas, palavras impróprias, juízos de valor e críticas pouco construtivas.

A cada medo o seu remédio

Vimos que o medo é um companheiro de viagem no desenvolvimento da criança. Em alguns casos pode até ser útil, mas, em outros, aumenta até se converter em um problema (fobia). Vejamos, a seguir, algumas linhas de conduta para evitar que isso aconteça.

Medo da escuridão

Este medo pode estar relacionado com alguma história de monstros ou bruxas que tenha sido mal explicada. Pode também estar associado a pesadelos, sonhos ou a algum acontecimento como mudança de endereço ou determinadas situações imaginárias. Há crianças que se sentem mais seguras quando há alguma luz acesa. Não há nada de mal nisso, ainda que seja bom ir diminuindo a luminosidade, conforme a criança vai tolerando níveis maiores de penumbra, com o passar do tempo.

Medo de trovões e tempestades

Quando houver tempestades, se perdermos a calma ou manifestarmos medo, a criança será contagiada pela nossa intranquilidade e ficará ainda pior. Por isso, é importante fazer com que ela perceba a mudança de tempo, explicar-lhe o porquê da chuva, dos relâmpagos, dos barulhos, dos trovões etc. E, sobretudo, deixar claro que esses fenômenos são naturais, passageiros e não fazem mal se estivermos protegidos. Dar um toque de brincadeira à experiência, ao mesmo tempo em que nos mostramos tranquilos, pode favorecer que a criança perca o medo.

Medo de animais

É bastante normal a criança sentir medo ao se aproximar de um animal que não conhece. Dessa forma, é conveniente que você ajude seu filho, desde pequeno, a familiarizar-se com os animais, mostrando-lhe fotografias, contando histórias ou assistindo a documentários sobre a vida e o comportamento dos bichos. O processo de aproximação do animal que lhe provoca medo deve ser lento e é preciso ter muita paciência. Aproxime-se de um cachorro, por exemplo, e o acaricie. Proponha, então, a seu filho que faça o mesmo, mas no momento em que ele quiser. Assim como se aprende a ter medo por observação, também aprendemos a enfrentá-lo vendo como outros o fazem. É importante ensinar a seu filho que, antes de tocar algum animal de estimação desconhecido, deve pedir permissão a seu dono.

Medos noturnos

Há crianças que só conseguem dormir em companhia dos pais ou na cama deles. O medo de dormir sozinho pode estar relacionado com outros medos. Se seu filho tem pesadelos, aproxime-se, chegue perto para acalmá-lo e confortá-lo, até que se tranquilize. Não adianta nada demonstrar nervosismo. Converse com ele sobre o assunto e lhe dê muito carinho. O medo não é motivo de preocupação, desde que não interfira no desenvolvimento normal da criança. Mas, se algum dos medos impede de ter uma vida normal, é possível que precise de ajuda psicológica. Quando o medo se transforma em fobia, é comum transformar-se em algo crônico, se não houver um tratamento psicológico adequado.

Medo de pessoas desconhecidas

É necessário conversar com seu filho sobre os perigos reais ao falar com pessoas desconhecidas. Mas você não deve dizer-lhe somente isso. Não aumente seus medos. Trata-se de ensinar-lhe algumas reações para proteger-se de um estranho. Por exemplo: não aceitar balas, nem presentes, nem dar a mão ou passear com uma pessoa estranha.

No caso de o obrigarem a fazer isso, diga-lhe que deve pedir ajuda a quem está cuidando dele no momento, a um segurança ou à polícia. Transmita-lhe confiança e segurança, mas ensine-lhe a ser precavido com pessoas que não conhece. Logicamente essas instruções devem adaptar-se à idade da criança. Não é a mesma coisa falar desse assunto com uma criança de três ou quatro anos e com um pré-adolescente de doze anos em suas primeiras saídas com amigos e sem alguém que cuide dele.

Capítulo 2

A imaginação, a fantasia e a sugestão

> A imaginação é mais importante
> do que o conhecimento.
> (Albert Einstein)

Fantasia, etimologicamente, tem sua origem na palavra grega *phantasía*. É a faculdade mental de criar, inventar e reproduzir objetos, acontecimentos ou situações mediante a imaginação. A fantasia é, portanto, parte da nossa imaginação. Na realidade, acreditamos que está um grau acima, pois é capaz de dar forma sensível às ideias e alterar a realidade permitindo retificá-la, se esta não nos é satisfatória.

É um dos processos cognitivos superiores que nos diferencia da atividade instintiva dos animais irracionais. A fantasia é tão importante para construir uma mesa como para escrever um conto, pois ambos requerem planejamento antecipado para se obter o mesmo resultado que se concebeu por meio da imaginação – aspecto indispensável no trabalho artístico, científico, literário, musical e, por que não dizer, em todas as atividades nas quais intervém a capacidade criativa.

A imaginação, necessária para colocar a fantasia em marcha, nos permite gerar representações mentais do que percebemos com os sentidos, na ausência destes. Possui mecanismos que nos permitem ouvir, ver, cheirar, apalpar e saborear sem necessidade de que o objeto esteja diante de nós, valendo-se da memória para trazer elementos antes percebidos, reconhecidos e experimentados transformando-os em novos estímulos e realidades.

Esta descrição sensorial nos fornece uma informação de qualidade diferente daquela do raciocínio intelectual, a inteligência reflexiva, que nos conecta com nossa inteligência não consciente. A fusão de inteligência reflexiva e inteligência não consciente é o que chamamos de *inteligência sábia*, que abriga a criatividade. Esta é a que se encarregará de encontrar alternativas ao que nos ocorre e insistirá na busca do que mais nos emociona na vida.

A imaginação nos sugestiona, nos ajuda a evocar momentos graças às imagens que geramos. Nesse sentido, poderíamos dizer que a sugestão é uma forma de comunicação em resposta a um estímulo. Nosso corpo e nossa mente interagem graças à neurotransmissão. Por meio dos sentidos, percebemos o mundo que nos rodeia e comunicamos ao cérebro a informação recebida. Este, por sua vez, reage em resposta a essa informação, de forma consciente ou inconsciente, procurando e tentando reconhecer o conhecido entre seus arquivos históricos. Reconhecer, estabelecer associações com o que já conhecemos, nos situa em um lugar no mundo e isso nos tranquiliza.

A fantasia e as imagens nas crianças

Quem, ao sentir o cheiro de um perfume, nunca se recordou de toda uma história? Um odor pode trazer-nos à mente o verão, as férias, a sensação refrescante de um banho, o calor, os amigos, os avós, as risadas, as brincadeiras e a imensidão do tempo transcorrendo calmamente.

A sugestão e sua capacidade de movimentar as emoções é parte da vida. Por esse motivo, desde tempos imemoriais as histórias e sua transformação em contos e metáforas são utilizadas para induzir mudanças de todo tipo.

Vejamos isto com um trecho de história pessoal, daquelas "verídicas":

> A sala está iluminada. Através de uma janela alta pode-se ver a paisagem aprazível da vida que transita na praça da igreja de um pequeno povoado. O cheiro da horta entra insinuante e o sol esquenta o aposento agradavelmente. Talvez, por isso, este seja o lugar preferido de todos na casa.
>
> Na frente da janela está a confortável cadeira de balanço várias vezes reformada, na qual os netos se balançam sempre que chegam em visita. Sentada, a avó faz crochê em silêncio. Um hábito dela. Desde criança, é algo que faz sistematicamente, sempre que as tarefas domésticas lhe deixam um tempinho livre. Ainda quando não havia luz elétrica, com as velas e lamparinas ela conseguia trançar a linha. Diante dela, a mesinha redonda com a toalha adamascada sobre o tapete... por trás se escuta uma vozinha:
>
> – Vó, me conta uma história?
>
> A avó olha para ela com seus olhos cor de mel. Sorri, sem parar de tecer a nova peça de crochê. "Uma história?... Mãe do céu, mas você já está grande!", pensa.
>
> A avó, com cabelos brancos e óculos para vista cansada, sorri ainda mais e, com voz doce, pergunta:
>
> – Quantos anos mesmo você tem? Não me lembro...

– Ah, vó! Tenho oito. Mas eu gosto quando você conta histórias… Conta, vai?

– Mas acho que já conhece todas… Você mesma pode contar… Ainda mais que já sabe ler. Não precisa que eu conte…

– Sim… Mas você não pode me contar uma, vó?

– Bom, então… Qual você quer?

Com os olhos arregalados, a neta pede à avó que conte a história do "Lobo e os sete cabritinhos".

– Por favor, é a que eu gosto mais.

– Eu também gosto dessa…

A menina deita-se de bruços no sofá que, no meio da sala, era o principal móvel do cômodo. Seu corpo frágil se funde com o estofamento macio. Olha absorta para sua avó, que começa muito, muito devagar a deleitá-la com a história, enquanto um doce sorriso ilumina seu rosto.

– Era uma vez, em um lugar não muito longe daqui, uma mamãe cabrita que tinha sete cabritinhos…

Assim poderia começar nossa história. Com uma avó que gosta de contar histórias e uma criança que se emociona ao ouvir histórias. Esta breve passagem resume em grande medida o sentido que este livro possui para nós, a necessidade dos contos infantis, que não têm idade. Sim, os contos não têm idade estabelecida. Seja em forma de relato, história, novela, em prosa ou em verso. Seja os de um minuto ou os ricos em detalhes e infinito número de páginas. É bom escutá-los e agradável contá-los. Narram histórias que nos enriquecem ao transportar-nos a outros mundos nos quais nossa mente se liberta de problemas ou dificuldades e desinibe as emoções. Emoções percebidas, na imensa maioria das vezes, da mesma forma por crianças e idosos. Talvez isto soe extravagante, um pouco estranho: reunir crianças, pessoas mais velhas e idosos diante de adolescentes e adultos para entender como percebem as emoções. Dá-se o paradoxo segundo o qual, na medida em que envelhecemos e desfrutamos das experiências que vivemos, ficamos mais centrados nas emoções, libertando-nos do excesso de pressão do pensamento.

Sim, sabemos que emoção e pensamento andam juntos. Mas voltemos atrás em nossas palavras. Dissemos "libertando-nos do excesso de pressão do pensamento". Não é que não pensemos. Acontece que também nos centramos em sentir a vida que vivemos de forma mais plena.

Entre "as duas pontas da vida", como diziam nossas avós, estão os adolescentes e os adultos. Para ambas as fases, a razão e as ideias preestabelecidas, os juízos preconcebidos, a necessidade de encontrar explicações e traduzir tudo em palavras são muitíssimo importantes. Não se encontra sentido na vida senão mediante a linguagem, que tenta concretizar tudo o que transita diante dos olhos.

Os idosos, diferentemente das etapas anteriores da vida pelas quais também – obviamente – passaram, parece que voltam a sentir como antigamente. Parece que rejuvenescem... como naquele filme, que foi tão inovador para a época, *Cocoon*.[1] Lembra? Nele, por acaso, alguns idosos, já "dobrando o cabo da boa esperança", ao mergulharem

---

[1] Filme norte-americano de 1985, classificado como ficção científica e comédia, dirigido por Ron Howard. (N.T.)

na água de uma piscina interditada, começam a sentir-se como se fossem jovens de novo. Essa vitalidade os faz experimentar o dia a dia com sensações e emoções renovadas.

Era como se a vida que até então tinham vivido deixasse de ter sentido. Já não queriam mais ser velhos, já não se sentiam velhos, apagaram a imagem que tinham de si mesmos e que os fazia verem-se e se sentirem mais velhos do que realmente eram.

Aqui descobrimos um dos pilares essenciais: a necessidade de viver o mundo por meio das palavras, pois do contrário parece que nada teria sentido, que não sobreviveríamos sem experimentar o que realmente estamos sentindo. Isso faz com que se evidencie, com o passar do tempo, algo tão instintivo e vital como os sentimentos. As emoções que os momentos nos provocam. A intensidade dos pequenos e também dos grandes momentos.

Dessa forma, os momentos que vivemos se traduzem e se comparam continuamente com nossas ideias preestabelecidas, graças a situações semelhantes antes já vividas ou que nos encarregamos de aprofundar, informando-nos com alguém que tenha passado por isso ou pela imensa quantidade de informação que se pode obter hoje em dia.

Dizem que, graças ao excesso de informação, hoje estamos mais desinformados do que nunca. É mais difícil emitir juízos próprios, pois tudo está analisado e tudo pode ser buscado e encontrado para não sermos pegos de surpresa. Sobre isso, há pouco tempo líamos, num caderno semanal de um jornal local, uma bela reportagem sobre ser mãe (o tema da matéria era o "Dia das Mães") e as diferentes formas de viver essa experiência. Entrevistaram diferentes mulheres, de variadas idades. A mim me chamou a atenção especialmente a história de uma mulher norueguesa que um dia, praticando asa-delta, aterrissou em uma campina. Aterrissou literalmente e ali onde "descansou suas asas", como uma cegonha ou uma ave migratória, começou a experimentar a vida com imensa tranquilidade. Ela era de uma grande cidade, onde praticamente ninguém se conhecia. Na qual cada um vive à sua maneira. Onde o importante é o que se faz, e não o que se sente ao fazer as coisas. Em um lugar no qual o importante é não perder tempo com coisas que são "insignificantemente" cotidianas. E caiu em um espaço amplo, cheio de luzes e cores. Onde a pessoa é tão importante quanto o animal que pasta a seu lado. No qual sempre se desfruta do odor da campina e do calor do sol. E onde se desfruta do trabalho executado, mesmo que seja cansativo. Ali se instalou e ali segue, com sua família.

Talvez essa história, certamente verídica, não pareça novidade. Claro. Mas nem por isso o conteúdo deixa de ser novo. É novo, pois, na grande maioria das vezes, acontece-nos ou nos aconteceu de, em determinado momento, percebermos que tudo passa rápido demais, e que o prazer pelas pequenas coisas nos escapa das mãos. Há demasiadas ideias preconcebidas sobre o que se tem de fazer em cada fase, o que supostamente devemos conseguir. E o que é simples e cotidiano, acaba nos escapando. Deixar-nos levar, ainda que seja por frações de segundo, é difícil e, ao final, o esquecemos.

Isso não acontece às crianças e, aos idosos, quase também não. Bem, é preciso dizer tudo: alguns adultos também escapam do perigo de racionalizar tudo em excesso e de sentir quase tudo de maneira imperfeita e, portanto, sendo muito pouco espontâneos.

Com a imaginação e os contos, deixa-se de lado o excesso de razão. Deixamo-nos levar, nos conduzir pela história. Deixamo-nos levar por quem narra a história. É como depositar confiança em quem conta, em quem lê ou em quem produz o filme que nesse momento nos envolve até o ponto de nos sentirmos o protagonista.

As histórias, os contos, provocam a imaginação e esta, a emoção. Durante minutos, ou mesmo horas, nos sentimos protagonistas. Com a tranquilidade de saber que tudo acabará bem, aconteça o que acontecer na história.

A intriga, o suspense, provocam aceleração, excitação e níveis importantes de adrenalina que farão com que nos sintamos bem. Nosso centro de prazer se acalmará... As emoções se canalizarão e, então, tudo ficará bem e nos sentiremos em paz.

Desde bebês, provavelmente já antes de nascermos, as emoções nos guiam e nos ajudam a sobreviver.

A capacidade de sugestão

A ninguém surpreende a imagem de um recém-nascido chorando para ser atendido. O pranto pode ser a expressão física de muitas emoções, contrárias inclusive... Mas é a melhor das ferramentas de sobrevivência. Não é necessário interpretá-la, nem saber cientificamente o que significa... Ao atender o bebê e ter em conta "o básico" (pode ser fome, sede, sono ou fralda suja), acertaremos. Mas esta é a emoção manifesta: não estou bem, mamãe; ou, não estou bem, papai. Imediatamente, sejamos pais novatos ou experientes, acudiremos.

Se formos do primeiro grupo, atenderemos um pouco nervosos. Preocupados em acertar ou em fazer algo mais complicado do que o básico e não saber responder adequadamente à demanda do que passou a ser o elo mais importante de nossa vida. Aqui, a racionalização das emoções de nosso bebê – tentar entender tudo o que se está passando no momento exato do pranto – pode nos fazer "pisar na bola", pois pode bloquear a leitura intuitiva das emoções e, como consequência, fazer-nos errar o diagnóstico.

A isso é preciso acrescentar que se pode provocar mais um efeito: que nosso sistema emocional se altere além do que seria normal. Então, nossa ansiedade aumentaria e, como as emoções são contagiantes, deixaríamos nosso bebê, a quem queremos acalmar, ainda mais nervoso.

Este efeito provocador das emoções, a bidirecionalidade, é realmente uma poderosa ferramenta de sobrevivência. Pense bem. É porque me causa prazer o sorriso do bebê que o pego em meus braços, o aqueço, protejo-o, alimento-o... E tudo isso porque foi capaz de despertar em mim uma emoção positiva. Quando seu choro me provoca tristeza ou desassossego, vou ao seu encontro e o tomo em meus braços, acolho-o da mesma maneira.

Voltemos ao pai e à mãe nas primeiras semanas. Se a paciência com o recém-nascido se esgota, isso vai gerar, em vez de aceitação, rejeição imediata. Nas primeiras semanas de vida do bebê, é preciso adaptar-se às mudanças, ao choro, ao novo ritmo das atividades, à falta de sono reparador... à intranquilidade de pensar se o leite materno será suficiente ou não. Mas, magicamente, quando o bebê nos olha, de maneira encantadora, as emoções dão um giro de 180 graus. É assim mesmo. É espetacular, mas é assim... salvo raras exceções.

O instinto de sobrevivência é emocional e mágico. Como o instinto maternal e paternal. São o resultado de emoções que devem ser mantidas à margem da racionalidade a partir de determinada idade, pois é claro que há um tempo oportuno para se ter filhos, antes da velhice.

Desde o momento do nascimento e mesmo antes, induzimos nossos filhos a interpretar. Imaginem por um momento a cena de um bebê em seu berço. Aproximamo-nos lentamente para vê-lo. Seus olhos são enormes, muito grandes para essa cabecinha tão pequena. Está muito tranquilo, em silêncio. Move seus bracinhos de forma graciosa, com as mãozinhas abertas. Sua boquinha está semiaberta e nos mostra simpaticamente a língua. Você sente o cheiro do sabonete infantil. Sua roupinha é macia, com cores em tom pastel. Pode ser que, durante alguns instantes, a imagem nos provoque ternura, paz, tranquilidade. Pode ser que desejemos estar em seu lugar, nesse momento de paz. Também nos pode gerar vontade de pegá-lo e tê-lo nos braços, de desfrutar dessa serenidade... de sua tranquilidade. E fazemos isso. Nossos braços se estendem, se aproximam do recém-nascido e sorrimos. De repente, ouvimos: "esta criança dá muito trabalho... passa o dia chorando... não me dá sossego... não sei mais o que fazer...". Em um segundo, nossos braços se fecham sobre si mesmos, nossos gestos se bloqueiam e respondemos com um olhar e um gesto a essa mãe cansada e intranquila que nos fornece a informação.

O que nos aconteceu? Pois é bastante provável que a magia do momento, a espontaneidade de pegá-lo, tomá-lo nos braços, embalá-lo, se desfaça. Pesam mais as palavras do que o instinto emocional de desfrutar desse momento. Isso acontece diariamente tanto com as emoções positivas como com as negativas. Tanto entre os adultos "experientes" como entre os que acabam de entrar nessa fase da maturidade.

A imagem do bebê nos transporta, nos deixamos levar por ela. Provavelmente, em alguns essa imagem pode ter provocado ternura. Também é provável que depois se tenha imaginado a angústia e o cansaço. Ao ler estas linhas – imagino que sentado, pois você deve neste momento estar dispondo de um pouco de tempo em que não tenha nenhuma outra atividade manual ou mecânica a fazer –, você se transportou para outra realidade. Outra realidade dentro da qual você está. Esse "teletransporte" provocou em você uma mudança emocional em frações de segundo. Passamos da ternura e serenidade à intranquilidade e desassossego. Isto foi feito por uma ferramenta poderosíssima, que é a imaginação, capaz de mudar as emoções de maneira vertiginosa, sem aviso prévio, sem atender à razão. É como se diz: as emoções não entendem a razão.

Essa capacidade de nos autossugestionar é instintiva. É espontânea. A uns com mais intensidade que a outros... Mas é espontânea. E, ao longo da História da humanidade, o fato de que nos contassem histórias de outros, acontecidas ou não, nos moveu a procurar mudanças.

Aprendemos com as histórias de outros. Com efeito, por isso, você agora está lendo estas páginas. Pelo prazer de saber que podemos contar-lhe uma história que queremos contar. Este é o papel que cumprem os contos. Ajudar-nos a ver, considerando a perspectiva de uma solução, emocionalmente falando, nossa própria vida.

O mundo dos contos está intimamente relacionado com nossa vida. Na letra da canção *Cuéntame um cuento*, do grupo espanhol Celtas Cortos, do disco de mesmo nome, de 1991, apreciamos a necessidade de que nos contem, a tranquilidade a que isso nos remete. Como a fantasia de cada pessoa se encarregará de mudar o conto segundo suas necessidades ou experiências vitais. Vejamos alguns fragmentos da canção.[2]

---

[2] Tradução de trechos da letra da canção *Cuéntame um cuento* (1991), do grupo espanhol Celtas Cortos. (N.T.)

Conta-me uma história,
E verás quão contente
Vou para a cama
E tenho lindos sonhos.
Acontece que havia um rei
Que tinha três filhas.
Colocou-as numa vasilha
E as tampou com peixes.

...

Esta história acabou.
E esse rei,
Que tinha três filhas,
Colocou-as em três vasilhas
E as tampou com peixes.

...

Concedeu-lhes três desejos,
E agora felizes estamos.

...

Conta-me uma história
Que já creio estar sonhando.
Conta-me uma história
Com música, vou viajando.
Conta-me uma história,
Que ainda não é tarde.
Conta-me uma história,
Que a noite quente arde.

Como diz a canção, contar-nos histórias nos tranquiliza, nos ajuda a entender e a lidar com as emoções ("E verás quão contente.../que já creio estar sonhando"), usando os recursos e soluções da narração ("Concedeu-lhes três desejos/E agora felizes estamos"). Ao mesmo tempo tem o precioso dom de trazer à lembrança o prazer de quando nos faziam dormir com uma história, aquela mágica doçura de quando alguém nos lia alguma história quando ainda éramos crianças, de ficarmos absortos (Conta-me uma história/Com música, vou viajando./Conta-me uma história/Que ainda não é tarde).

Por outro lado, remete-nos a diferentes histórias de ontem e de hoje, revelando, desta forma, como foram transmitidas através das gerações, sem perder seu sentido ou sua influência. Também indiretamente deixa subentendido que, embora saibamos e nos lembremos das histórias, gostamos quando alguém nos conta de novo. A repetição do que nos provoca emoções positivas nos agrada e, às crianças, serve para resolver tramas saudáveis da vida.

Diz a letra: "com música, vou viajando". A música tem o poder de nos fazer evadir e gerar imagens, algo que também as histórias nos provocam. Falaremos no último capítulo de algumas ferramentas baseadas nas imagens – desenhos e mandalas – e na música, que nos ajudarão a reforçar o poder curativo dos contos infantis.

Chegamos à conclusão de que, graças ao fato de nos terem contado histórias quando crianças, quando adultos saberemos identificar aquelas que nos podem prejudicar e as que nos podem ajudar. São estas – as boas histórias, as que não dão medo – que vamos aprender a construir e a contar, para que nos sugestionem.

Os contos e sua mágica intervenção

Hoje em dia sabemos, apesar de que isso é parte da história humana, que utilizar os contos ou histórias nos processos de comunicação educativa ou terapêutica aumenta a capacidade hipnótica da mensagem do comunicador. É uma forma direta de atingir nossas estruturas profundas: as do sistema emocional, provavelmente o núcleo do pensamento. Também sabemos – e isto a ciência tem se encarregado de demonstrar – algo que a sabedoria popular já conhecia: que o pensamento e o sistema imunológico estão estreitamente entrelaçados. E que podem intervir, afetando positivamente, ou não, as três formas essenciais da inteligência humana: a intelectual, a emocional e a investigativa.

No consultório, habitualmente observamos que um dos efeitos que tanto as crianças como os adultos sofrem, além do problema que os motivou a procurar-nos, tem a ver com a relação exclusiva e unidirecional que estabelecem com seus sintomas. Parece que toda sua vida gira em torno da evolução ou não do problema, de melhorar ou não, de contar o número de vezes que determinado sintoma se manifestou ou, pelo contrário, os dias que em que não se manifestou, desprezando os outros aspectos da vida. Aspectos como as tarefas às quais se dedica, quais atividades lhe trazem satisfação ou são capazes de prender sua atenção são questões que a pessoa esquece quando está focada nos seus sintomas, naquilo que começa a considerar sua Grande História, com maiúsculas. Isso passa a ser o mais importante para ela nesse momento, em outro e no que está por vir.

Sobre esse fato gostaria de citar um exemplo, baseado na prática clínica de Milton H. Erickson (Zeig, 1992), médico e hipnoterapeuta norte-americano, inovador e pioneiro em novas técnicas de hipnotismo aplicadas à psicoterapia. Erickson tratou um suicida que, desconfiado no início do tratamento, deu-lhe três meses para que o curasse. O tratamento que o terapeuta lhe prescreveu foi que, como já havia decidido morrer, deveria dedicar-se durante esses três meses a fazer tudo aquilo que não pudera realizar em sua vida. A terapia foi um grande sucesso.

Nesse caso, como Pedro Moreno costuma insistir, foi tão importante o paradoxo quanto a personalidade daquele que sugeriu o tratamento. O que aconteceu, e daí o efeito implacável sobre o "suicida em potencial", é que Erickson "abduziu" seu paciente com sua forma peculiar de expor a solução, com suas palavras, seu tom de voz e a convicção com que transmitia a informação. Contam que o olhar, a expressão facial e a cadência da voz dele eram hipnotizantes. Absorviam o interlocutor. Faziam-no focar no momento. Abstraíam-no da situação... e o faziam crer na solução. E todos sabemos que a fé move montanhas.

A utilização de metáforas se faz necessária para sair do momento de excessiva explicação e racionalização, do momento de querer necessariamente entender, a partir da razão, o que está acontecendo. No entanto, em muitas ocasiões, isto não é suficiente para nos sentirmos bem. Para haver alguma melhora é importante, diria quase que básico, que nossas emoções se tranquilizem. É imprescindível que nosso sistema emocional se perceba sereno.

As metáforas nos ajudam sugestionando-nos. Possuem capacidade terapêutica e efeito sugestivo sobre a parte não consciente do ouvinte. A linguagem da lógica formal, utilizada nas recomendações (também nas terapêuticas), não é a mais adequada, já que, normalmente, é ela que nos causa incompreensões na comunicação com nós mesmos e contribui para a construção e permanência do conflito. Devemos lembrar que as pessoas preocupadas com seus sintomas, com sua dor, terão raciocinado sobre muitas dessas coisas e, provavelmente, seu diálogo interior as terá mergulhado em um estado de desesperança ainda maior.

Por isso, acreditamos que nossas sugestões devem dirigir-se à estrutura profunda da linguagem e do pensamento dos sujeitos. Aconselhar sobre o que a pessoa deve ou não fazer, ainda que com a melhor das intenções, apenas agravará o problema.

Nesse sentido, as estruturas metafóricas, os relatos e os contos transportam tanto crianças quanto adultos a esse mundo e a esses momentos nos quais as emoções afloram projetando-se nas imagens sugeridas. E, então, as emoções se reorganizam e se movem, graças à solução que as tranquiliza a partir do "cair em si emocional".

Dessa forma, acessando o não consciente e confortável ninho que alimenta as emoções, consegue-se evitar a parte consciente, que mantém a problemática e, ao mesmo tempo, sustenta e gera o desassossego emocional.

As metáforas e os contos provocam, por outro lado, a capacidade nas pessoas adultas ou jovens de centrarem-se no aqui e agora da história. Mobilizam e reorganizam as emoções para o "despertar". Ao sair da história nossa mente está em mudança, e transfere a mudança para o presente em que vivemos. A aprendizagem está em elaboração. Damos-lhe depois pequenas estratégias de consolidação e, pouco a pouco, o mal-estar e os sintomas vão se diluindo.

Capítulo 3

Como criar e contar histórias que curam

> A vida de cada pessoa é um conto de fadas
> escrito pelos dedos de Deus.
> (Hans Christian Andersen)

Um conto é a vida traduzida em fantasia. É uma história breve, repleta de magia, que começa e termina e tem de ser contada de uma só vez, pois se resume a uma ideia apenas. Deve ser narrado com sensibilidade e de forma rápida, mas ao mesmo tempo com calma, com ritmo. É um relato curto, que se propõe a manter a tensão e prender aquele que nos escuta, por isso é preciso manter a evolução temporal (e não voltar atrás), o tom ascendente e a utilização de recursos como canções, versos e onomatopeias, que facilitam a imersão em um ambiente diferente e mágico.

As partes do conto

Nos contos, como nas melhores novelas, há sempre uma introdução, uma trama e um bom e maravilhoso desenlace.

A história começa na introdução, que precisa chamar a atenção, apresentar os personagens e a trama. Ela faz abrir os olhos de quem escuta, ambienta a cena e prepara a surpresa. A fórmula "Era uma vez…", que habitualmente dá início às histórias tradicionais, provoca a curiosidade de saber o que vem depois. A formação do conflito será brevemente explicada, detalhando-se a situação que faz suscitar os acontecimentos do conto. Este princípio é a "faísca" que desencadeia o processo para que se chegue ao desenlace ou à solução da trama.

O conflito é o momento em que a trama do conto é colocada em movimento. Como já comentamos, os contos são relatos breves e, como consequência, o desenvolvimento tem de ser rápido. Isto implica que os acontecimentos se sucedam de forma contínua. Uns levam a outros de forma coerente, com um ritmo que deve ser mantido durante todo o tempo, sem causar intranquilidade ou aceleração, portanto. Nesse sentido, os contos não devem produzir medo, angústia ou mal-estar. Os contos infantis são canalizadores de emoções positivas. Ainda que provoquem tensão, subjacente ao conflito, esta nunca é suficiente para gerar angústia ou inquietação, pois nos fornece as estratégias, as técnicas, os caminhos para resolvê-lo.

E, finalmente, chega o desenlace, a solução do conflito. O conto, como acontece na vida, deve ter uma solução que surpreenda e ao mesmo tempo tranquilize quem o escuta. Deve nos impactar e, para isso, o tom de voz e outros recursos não verbais têm um papel importantíssimo na hora de contá-lo.

A chave do conto: como contá-lo

A melhor das histórias, se não for bem contada, dificilmente chegará ao coração de quem a escuta. Por isso, a voz e os gestos são essenciais, tanto ou mais do que o conteúdo. São como os sinais de exclamação ou interrogação, que dão sentidos totalmente diferentes a uma frase, dão emoção ao relato, dão credibilidade ao aproximá-lo da realidade em que vivemos, não só pela razão, mas também pela emoção. Ler de forma plana e linear, sem cadências nem entonação, ou sem gesticular com os lábios, com os olhos ou o rosto expressa uma informação racional, mas nos priva do acesso ao canal emocional da criança, que é fundamental.

Isso não quer dizer que contar uma história seja complicado e que precisamos pensar o tempo todo se devemos fazer este ou aquele gesto. Não há certo ou errado em se contar histórias. E lembremos que a prática é que leva à perfeição. A única obrigação que provavelmente devemos ter em mente é que precisamos acreditar no que contamos. É mais simples mobilizar as emoções quando nós mesmos acreditamos na narrativa.

No mais, a seguir apresentamos algumas questões simples a levar em conta para elaborarmos, nós mesmos, as histórias que contaremos a nossos filhos:

1. Chamar a atenção e procurar mantê-la enquanto contamos é mais simples se mantivermos o contato visual e gesticularmos com a boca. Também será de grande ajuda a incorporação de diferentes recursos como desenhos, brinquedos e música de fundo.

2. Movimentar a narrativa, empregando orações curtas e simples, nas quais se expresse de forma clara

e concreta o que queremos transmitir. Como consequência, é imprescindível selecionar os fatos que vamos narrar, distinguindo os que são fundamentais dos que não são. Fica bem mais simples quando os verbos usados estão no pretérito perfeito: "Comeu uma enorme maçã vermelha... remaram, remaram até o entardecer". Use sinônimos simples para palavras muito complexas para a idade da criança. Por exemplo: "casaram-se e viveram felizes para sempre", em vez de "foram ao cartório, onde assinaram a certidão de casamento com separação de bens...".

3. Evitar interrupções, a não ser que seja imprescindível (ter de ir ao banheiro ou atender a campainha, por exemplo), pois a magia desaparecerá e se diluirá o poder de sugestão do momento que havíamos criado. Será difícil, provavelmente, retomar o nível de atenção e a tensão emocional anteriormente conseguidos.

4. É muito importante levar em consideração o estado de espírito no qual nos encontramos. Recordemos que com o conto vamos tentar mobilizar as emoções das crianças. Por isso, se estivermos irritados ou tristes, é provável que a elaboração emocional tranquilizadora seja distorcida. Nesse caso, se tivermos facilidade em nos reorganizar rapidamente, sigamos adiante. Caso contrário, será mais eficaz e funcional para as crianças se lhes dermos um beijo de boa-noite ou um bom abraço e deixarmos para contar a história no dia seguinte.

5. Também é essencial considerar o grau de maturidade da criança. Isso é simples, mas muitas vezes esquecemos que há determinados fatos, ações e condutas que não vão ser compreendidas por todas as idades. E também há determinados exemplos, personagens ou fenômenos mágicos que deixam de ser verossímeis a partir de certa idade.
6. Dar concretude às emoções da criança. Focalizar uma delas, uma das que queremos diluir, desfazer, eliminar, e desconsiderar outras. Dizem que quem tudo quer, nada tem, e nesse caso é verdade. É mais eficaz sermos claros, concretos e concisos. Assim, quando se trata de lidar com os medos, procuremos induzir um pequeno estado de relaxamento antes de contar a história. Para isso, adequemos o relaxamento ao âmbito da imaginação, com sugestões encadeadas e associadas à respiração. Dessa forma, a respiração da criança produz tranquilidade, o que facilitará que ela fique espontaneamente mais relaxada na vida cotidiana, se praticarmos isso durante alguns dias.

Para que fique mais fácil e prático, você pode fotocopiar e usar o guia de relaxamento para crianças do último capítulo. Leia algumas vezes antes de "brincar de relaxar", e lembre-se de modular a voz adaptando-a à respiração da criança.

Vamos reproduzir uma das técnicas de relaxamento que costumamos praticar com crianças entre cinco e dez anos de idade. Com os menores, utilizamos a técnica que chamamos "o voo da borboleta" ou, então, "a tartaruguinha" (ver o quadro 1).

Quadro 1. Guia de relaxamento para crianças

Muito bem, agora vamos fechar os olhos. E, com os olhos assim fechados, respiremos devagarzinho. Vamos inspirar, respirando devagar... e, a cada inspiração, sua barriga vai se encher de ar e relaxar. Vamos nos imaginar relaxados, com o ar entrando pelo nariz e percorrendo todo o corpo, fazendo com que ele descanse. Então, imaginemos nosso rosto descansado... e nossos olhos relaxados, como se estivéssemos dormindo... A cada respiração, segundo após segundo, seu corpo relaxa e descansa e, então, seu nariz e sua boca também descansam...

Vamos imaginar nosso corpo, cheio de ar, descansando e relaxando como um balão que flutua no ar, relaxado, tranquilo... Vamos flutuar no ar como um lindo balão, em forma de unicórnio, de um cavalo com asas, um carro de corrida ou um foguete... o que você mais gostar ou quiser. Vamos descansar, respiração após respiração... E, quando mais o tempo passa, relaxamos... Relaxe seu pescoço e suas costas... Seus ombros, que descansam... Respiração após respiração, você imagina seus braços, suas mãos e os dedos de suas mãos relaxados e descansados...

Agora, seu peito se enche de ar, tranquilo, relaxa, e a barriga descansa e relaxa... Imagine como suas pernas e seus pés e os dedos de seus pés descansam relaxados, flutuando, como se você balançasse no ar. Você está confortável, tranquilo e feliz. Todo o seu corpo descansa. Então, a cabeça descansa e você esquece os medos. Eles sobem até as nuvens e elas vão deslizando no céu... Quando o ar sai do seu corpo, ele sopra as nuvens e elas vão indo embora... e os medos vão com elas. E assim, imaginando seu corpo descansado, relaxado, você respira devagar e ensina seu corpo que em qualquer momento, quando estiver preocupado ou assustado, o ar que sai do seu corpo faz as preocupações voarem e se afastarem. A respiração faz com que seu corpo descanse e relaxe... e as coisas que nos preocupam ou nos deixam nervosos se afastam e desapareçam. Sobem até as nuvens que flutuam no céu e se afastam, vão embora.

O medo vai embora e você se sente bem melhor, respiração após respiração. Os barulhos que incomodavam já não incomodam, vão embora com o passar do tempo, com o passar dos dias, até desaparecerem e não assustarem mais. Imagine que, a cada respiração você se sente melhor... Os medos se afastam com as nuvens do céu, seu corpo aprende e você vai ficando cada vez mais tranquilo, mais relaxado. A cada dia que passa seu corpo está mais e mais forte. O medo desaparece. Assim, se em algum momento sentir um pouco de medo, sua respiração, enchendo a barriga como um balão, vai fazer com que o medo vá embora e desapareça, se afaste. Muito bem, querido. E agora, se você quiser, posso contar uma história muito especial.

7. O lugar em que vamos contar as histórias não é importante, ainda que o espaço físico o seja. Explico: as histórias podem ser contadas em qualquer lugar. O importante é incluir algumas características do ambiente em que estamos desenvolvendo a história, para torná-la muito mais presente, crível e facilitar o "teletransporte". Além disso, serve também para focalizar determinados aspectos físicos de nosso "aqui e agora conhecido", as emoções tranquilas que o conto pode evocar. Por isso, levar em conta a estação do ano ou o clima como parte da ambientação de nossos contos irá torná-los ainda mais verossímeis.

8. Nesse sentido, quando, na consulta, elaboro os contos, procuro ter algum objeto de referência da criança, o qual depois ela possa levar para casa. Dessa maneira, o simples fato de olhar para o objeto ou tê-lo próximo evocará a emoção serena e a resolução rápida de seus conflitos emocionais, que normalmente se traduzem em medos. Por exemplo, se a criança tem medo do escuro, e teme um bicho de pelúcia do seu quarto, podemos incluir o bicho de pelúcia como um personagem bondoso.

Também se pode elaborar um desenho ou pintar uma mandala sobre a história, pois ajudará a focalizar a atenção nas emoções que o conto suscitou. Depois, a criança poderá afixar a figura em seu quarto ou na geladeira, com um ímã. No capítulo 5, falaremos sobre o sentido e o efeito positivo que os desenhos espontâneos ou, quando for o caso, os dirigidos (como as mandalas) podem ter.

O melhor contador de histórias

Com tantas regras, talvez você esteja se perguntando se saberá fazer isso direito. Como já dissemos antes, não há certo ou errado em se contar histórias. Apenas se tenta. Quando nos deixamos levar, ao final dá tudo certo. É algo quase inato. De fato, nossa voz, nosso rosto e nossos movimentos são as melhores ferramentas. Temos de falar com tranquilidade, com pausas, olhando a criança nos olhos, sem nos distrair com assuntos pendentes ou ideias fixos, facilitando a comunicação e centralizando tanto nossa atenção como a da criança.

Falar com tranquilidade, no entanto, não quer dizer sem entusiasmo. Pelo contrário, é preciso interpretar os relatos com animação. O tom de voz deve ser normal, puxado para baixo, mas articulado com nitidez. Nossa voz deve ser fácil de ouvir e agradável de escutar. Se estivermos muito cansados ou preocupados, procuremos não deixar isso transparecer.

Para ter êxito e prender a atenção de quem nos escuta impaciente, é preciso abandonar-se ao relato. Desse modo, escolheremos naturalmente as palavras e imagens mais simples, assim como as expressões mais curtas e os conceitos mais claros.

Entregar-nos completamente ao jogo de contar histórias fará com que o rosto da criança se ilumine ou fique sombrio, de acordo com a nossa expressão. É preciso *ver* o que está sendo contado com a imaginação.

Como criar os personagens do conto

Para tornar a mensagem atual e mais viva, sobretudo no caso de crianças pequenas, deve-se procurar narrativas com personagens conhecidos, pois isso acelera bastante o processo hipnótico. Personagens conhecidos estão "vivos" em sua fantasia, logo, é um trabalho a menos. Além disso, esses personagens já são implicitamente confiáveis. E que melhor mensageiro, para depositar sua confiança, do que aquele que é confiável?

Nesse sentido, e ainda que pareça antiquado ou demasiado tradicional, os príncipes e as princesas, os reis e as rainhas sempre são bem-aceitos (os clássicos ou os mais atuais).

Assim como as fadas e duendes, cavaleiros-heróis e dragões-monstros ou os atuais, como os super-heróis e personagens famosos de programas e séries de televisão.

Em qualquer caso, sempre haverá no conto uma figura de destaque com maior poder e autoridade. Haverá um personagem, o protagonista da história, que assumirá os riscos. Haverá um vilão, o malvado, que dá medo ou faz crueldades. Há também a vítima, que em algumas ocasiões se transforma em herói ou heroína, que sofre pelo medo ou pela crueldade física e/ou emocional. E outros, não menos importantes, que ajudam imensa e eternamente. Popularmente são escolhidos nomes reais, com impacto e força para representá-los, e vamos enunciá-los da mesma maneira para que seja mais simples identificá-los.

O rei, o papai ou mamãe, a árvore sábia, representam o presente, a parte do pensamento formal, racional. Encarnam o poder reflexivo. Possuem a máxima autoridade e o poder de decisão sobre todas as coisas do reino. São, ao mesmo tempo, os personagens que cuidam dos outros. As questões mais importantes, as perguntas e as melhores respostas serão suas.

O herói que vamos criar em nossos contos será representado por um personagem conhecido e querido da criança, o bicho de pelúcia mais amado ou o animal de que ela mais gosta, e nos dará a solução, fazendo tudo que for necessário para resolver os conflitos, assumindo que deve cumprir a façanha de resolver aquilo que está acontecendo de errado. É a parte da inteligência que chamamos emocional. Representa a resolução do problema. É o futuro imediato. O presente transformado.

O vilão, o malvado da história, é o medo em forma de ruídos, obscuridade ou abandono. O susto "por não sei o quê".

A fada simboliza a ponte que une a necessidade de mudar o que nos incomoda e a transformação. Representa a geração de infinitas alternativas que nos conduzem à ação. É a ajudante do herói que oferece o poder milagroso de atingir a meta.

Adapte o conto, se necessário, tendo em mente a idade da criança, o sexo, suas preferências, o que gosta ou não. Prepare as atividades e o ambiente previamente (durante o desenvolvimento e ao finalizá-las). E, se puder, acrescente música, pois ajudará a relaxar e prender a atenção.

Uma boa trama para o conto

Para criar um conto, precisamos montar uma trama que responda a algumas perguntas básicas (Rodari, 1973). Desse modo, criar a narração se torna algo simples e efetivo. Basta responder a essas questões colocando-se no lugar da criança e, desse modo, teremos elaborado um conto completo:

1. O que ou quem era? Uma menina índia chamada Raio de Sol.
2. Onde estava? Não muito longe daqui, em um povoado indígena.
3. O que disse ou o que pensou? "Tenho medo de não despertar, de morrer."
4. O que fazia? Trabalhava, brincava e falava.
5. Com quem estava? Com sua irmã, Luz da Lua.

6. O que, então, aconteceu? Sua irmã, Luz da Lua, ensinou-lhe um truque para livrar-se dos medos.

7. Como terminou tudo? Raio de Sol aprendeu a se livrar do medo e o medo desapareceu.

As respostas a essas perguntas, dadas com imaginação, configuram a história em si.

Modelos de contos prontos para usar

Um modelo é um meio ou um mecanismo que permite guiar ou construir um esboço ou esquema pré-definido. Nesta seção, separamos um grupo de modelos extraídos e mesclados segundo ideias de Rodari (1973), que nos ajudarão a criar os contos de forma fácil, pois são roteiros já elaborados, com normas que indicam o que se tem de fazer. Com esses modelos, podem-se criar outros contos.

O conto perguntador

Consiste em perguntar qualquer coisa e, a partir desse ponto, elaborar uma história. Com os medos, essa estrutura é muito provocadora, pois alimenta a necessidade de falar sobre o que nos preocupa.

O conto brincadeira de relaxamento

Com este modelo, facilitamos a liberação emocional de forma direta. Fazemos com que as crianças se movam e brinquem promovendo a liberação de energia, fazendo-as rir. O movimento e o riso unidos atuam como mecanismos de distensão psicológica e física nas inter-relações pessoais. E, se acrescentarmos uma brincadeira popular, ganhamos o público!

O conto-poema

Trata-se de construir histórias em forma de versos, longos ou curtos. Podem-se introduzir canções como elemento atrativo e para produzir ritmo. Seu objetivo é provocar a participação das crianças e a memorização do conto.

> Serra, serra, serrador,[1]
> Serra o papo do vovô...
> Quantas tábuas já serrou?
> Uma, duas, três,
> Fora uma que quebrou!

A salada de contos

Trata-se de uma técnica criativa, muito conhecida, que consiste em misturar, como numa salada, personagens e acontecimentos de contos diferentes para criar uma nova história.

O conto equivocado

Trata-se de uma técnica criativa de Gianni Rodari (1973). Com ela, podemos fazer com que os contos que já foram aprendidos e estão interiorizados sofram várias transformações, a fim de chamar a atenção dos ouvintes, que devem participar corrigindo ou mesmo criando uma história nova, a partir dos equívocos. Vejamos um exemplo do próprio Rodari:

---

[1] Adaptamos uma cantiga popular brasileira. Os autores utilizaram no original uma versão da cultura espanhola: "Aserrín.../Aserrán.../Los maderos.../De San Juan.../Unos vienen.../Y otros van". (N.T.)

– Era uma vez uma menina que se chamava Chapeuzinho Amarelo.

– Amarelo não. Vermelho!

– Ah, sim, Vermelho. Bom, seu pai a chama e...

– Seu pai não! Sua mãe.

– É verdade. Ela chama Chapeuzinho e lhe diz: "Vá à casa da tia Rosinha e leve a ela..."

– Vá à casa da vovó, ela disse, não da tia!

Etc.

O conto de um minuto

São contos de extensão mínima, mas que encerram em si uma história completa. Na hora de escrevê-los, é importante levar em conta que neles deve aparecer o conflito, o que acontece ao protagonista.

Este modelo é muito sugestivo para as crianças, é muito lúdico na hora de animá-las a que ilustrem o conto com desenhos. Devemos acompanhá-lo com gestos muito simples para dar-lhe sentido e transmiti-lo.

O conto caracol

Trata-se de um conto que pode ser contado várias vezes sem se chegar ao final. Na hora de contá-lo, é preciso representá-lo com gestos que se relacionem com o conteúdo e repeti-los de forma cíclica, conforme as características desse tipo de conto. Muitas dessas histórias sem final pertencem à tradição oral e estão muito relacionadas com os contos tradicionais.

Era uma vez um gato xadrez ...
Caiu da janela e foi só uma vez.

Era uma vez um gato vermelho...
Entrou no banheiro e fez careta no espelho.

...

Era uma vez um gato xadrez...
Quem gostou desta história que conte outra vez...

O conto arco-íris

Trata-se de criar um conto fixando-se em uma cor determinada, por exemplo, o verde. Para dar início a esta técnica criativa, fazemos uma lista de coisas que têm essa cor: folhas de árvores, melão, melancia, alface, tartaruga, bosque, prado, maçã, grama, pimentão, pera, rã... Uma vez escolhidas as palavras, cria-se um conto relacionando entre si as palavras previamente selecionadas.

O conto trança

Trata-se de criar um conto a partir de três palavras: uma bonita, uma feia e outra inventada. A única condição é que essas três palavras devem aparecer pelo menos uma vez no conto.

O binômio fantástico

Gianni Rodari (1973) disse que, para provocar uma faísca, não basta apenas uma polaridade elétrica, mas sim duas. Uma palavra só "atua" quando encontra outra que a provoca, que a obriga a sair de sua função habitual e descobrir sua capacidade de criar novos significados. Onde não há luta, não há vida. A criação literária e a origem da fantasia dos contos podem surgir das "fagulhas" que as palavras provocam ao se encontrarem.

É necessário que essas duas palavras que vamos fazer com que se enfrentem, para criar o conto, sejam o mais diferentes possível entre si: Exemplo: cachorro-armário, carro-dragão, maçã-bruxa etc.

Uma viagem ao redor da minha casa

Pergunta Gianni Rodari: "O que é uma mesa para uma criança de um ano, independentemente dos usos que os adultos fazem dela? É um teto. A criança pode enfiar-se debaixo dela e se sentir dona de sua casa: de uma casa na sua medida, não tão grande e terrível como a dos mais velhos".

Uma criança de um ano pode bater em uma cadeira, na qual tenha tropeçado e se machucado, e dizer: "cadeira má!".

Os objetos que temos em nossa casa podem ser utilizados fantasticamente, e, então, teremos à nossa disposição um material muito amplo para construir histórias "fazendo de conta" que o objeto tem vida...

Por exemplo, podemos delinear essas histórias:

– Como minha casa é vista pela televisão que se encontra na sala? A televisão está admirada... Há extraterrestres a observando.

– O que aconteceria se as camas não deixassem as crianças dormirem? Elas brincariam de saltar o tempo todo e de contar histórias.

– Como uma máquina de lavar roupa vê a nossa família? Como uma montanha-russa fazendo *loopings*.

– O que aconteceu depois que o sofá resolveu fugir de casa enquanto todos dormiam? Os cafunés diminuíram muito.

O conto "olhos que veem diferente"

Esta técnica criativa é baseada no distanciamento, que nos facilita colocar-nos "no lugar de", para observar a realidade com outros olhos, de outra perspectiva. Trata-se de fazer as crianças participarem e incentivá-las a criar. Podemos inventar situações simples:

– Como seu gatinho vê a sua irmã? É uma gigante de olhos enormes que o tempo todo fala com ele em uma língua estranha.

– O que a pulga acha do seu videogame? Que é uma máquina de teletransporte para mundos fantásticos.

A magia curativa dos contos

Os contos têm o poder de transformar as emoções. Um discípulo direto de Milton H. Erickson, Jeffrey Zeig (1994), relata que a utilização da linguagem metafórica possui as seguintes vantagens:

1. Como não implicam ameaça para o sistema de crenças e ideias preconcebidas, as histórias são diretamente vivenciadas como verossímeis e podem ser usadas para evitar a natural resistência à mudança.
2. Os contos facilmente chamam a atenção de quem os escuta, o que provoca a necessidade de continuar, e podem, ao mesmo tempo, criar confusão e assim promover na criança uma boa resposta hipnótica.

3. Os contos causam a necessidade de dar sentido à mensagem. Isso facilita que as crianças, e também os adultos, tirem suas próprias conclusões e inclusive se movimentem por vontade própria. Assim, instigam a que se imprima sua marca na memória, fazendo com que "a ideia exposta seja mais fácil de recordar" e, além disso, que seja dela mesma, da própria criança.
4. Os contos têm capacidade de influenciar o sistema imunológico. Sabemos que as crenças e suposições das crianças sobre sua saúde e suas aptidões para resolver uma situação estão diretamente ligadas à cura.
5. Os contos induzem ao controle físico de determinadas funções. Têm a capacidade de transformar, já que nos ajudam a nos reorganizar nos três níveis básicos do pensamento: a emoção, a ação ou a exploração da realidade e a função reflexiva. A magia dos contos e sua longa sobrevivência através dos séculos residem na combinação desses três fatores, os quais, como citamos anteriormente, estariam representados pelas figuras do rei e sua capacidade reflexiva; do herói ou heroína, que representa o valor e a coragem, o poder de superação diante de tudo; e da fada, portadora de soluções, que exerce o papel de guia: Brasey e Debacilleul (1999).

Capítulo 4

Contos para ajudar as crianças

> Envolve-nos tanto o método de contar a história
> como a história em si.
> (Julie Taimor)

A imaginação da criança é descritiva. Não julga, é eminentemente emocional. Deixa-se levar pela projeção de imagens do que se passa em sua mente graças a sua facilidade de imaginar.

Nossos contos vão tentar fazer exatamente isso. Ajudar aos que projetam suas emoções em geral e propiciar que a fantasia do conto lhes sugira como redirecioná-las, como deixar de lado seu mal-estar, sua impossibilidade de avançar.

Como adiantamos nos capítulos anteriores, a autossugestão é um processo mediante o qual, de forma natural, automática e não consciente, permitimos que nossa mente crie algo. Para isso, precisamos das autoafirmações constantes e repetitivas da imagem, até que se converta em rotina. É precisamente isso que fazem as crianças nas primeiras fases da vida. Repetem, em algumas ocasiões até o limite, o que elas gostam. Reveem várias vezes o filme de que mais gostam e o trecho mais interessante. O conto que várias vezes você terá de lhes contar, ou o fato que lhes aconteceu e que é, para elas, sempre engraçado. Nas primeiras fases da vida é assim.

Aprender implica repetir, ainda que não se entenda para que serve a história.

A capacidade de nos autoconvencer das coisas é ao mesmo tempo criadora e solucionadora dos problemas. É uma tendência de nossa mente que, às vezes – com os medos acontece assim –, faz parte do problema. É uma tendência natural e poderosa, para o bem ou para o mal. É uma ferramenta que existe e, por isso, vamos utilizá-la. O que em algumas ocasiões é parte do problema, vamos utilizar como parte da solução no afã de reciclar as estruturas mentais e facilitar extrair de tudo, sempre, algo positivo.

Por esse motivo, o autoconvencimento pode ser induzido, se outra pessoa nos sugere algo de tal forma que passamos a acreditar. Se nos impressiona, ativará em nós a convicção e, depois, a autossugestão. Nesse sentido, colocar-se na pele da criança e sentir suas emoções, compartilhar tudo o que lhe acontece, ajudará. Se mergulharmos na história, poderemos contá-la melhor, e isso facilitará que a criança nos siga nessa história que pode ajudá-la.

Breve guia para adaptar contos

Transportemo-nos, por um instante, à época em que tínhamos seis anos, na frente da televisão. Nossos ouvidos se enchem de uma música que nos faz entrar no mundo da fantasia, em estado de euforia: "Marmelada de banana, bananada de goiaba, goiabada de marmelo… Sítio do Pica-Pau Amarelo, Sítio do Pica-Pau Amarelo…". Lembra-se desses momentos? Talvez você seja muito jovem, ou não assistia à TV nesse horário. Esta era a canção com a qual começava, todos as tardes, um programa muito querido por uma geração de crianças, faz mais de 30 anos (ou 40 anos?). Uma canção que enchia de emoção a todas as crianças daquela época, composta e cantada por Gilberto Gil. Quando as primeiras notas da flauta introduziam a música, seguidas pela percussão chamativa e estimulante, imediatamente parávamos o que estávamos fazendo. Sentíamo-nos atraídos e, dessa forma, já estávamos preparados, nossa mente estava aberta e livre para receber a mensagem. A história que nos contavam era aceita de forma automática, sem censuras (tão próprias dos adultos).

Portanto, nossa voz, o tom, o olhar, o "acreditar no faz de conta" fazem parte da história que a criança está vivendo, e tudo isso ajudará a que a mensagem entre direto no núcleo das emoções.

Procurar um ambiente agradável, não necessariamente silencioso, é outro apoio útil para extrairmos o máximo rendimento dos contos terapêuticos. Seria bom dispor de tempo, e se este é um tempo no qual possamos nos dedicar ao conto e a contá-lo mantendo-nos concentrados nele, será ainda melhor.

Se as preocupações nos absorvem, há duas opções. Deixá-las de lado durante alguns minutos e nos centrarmos em compartilhar esse momento com a criança. Ou, então, relaxar, previamente, utilizando a técnica de relaxamento do capítulo 5. Bem, o certo é que há uma terceira opção. Se não há remédio, se estamos muito preocupados ou nervosos e não conseguimos tranquilizar-nos, é preferível deixar o conto para outro momento.

Neste capítulo há contos em prosa, alguns em verso e outros em prosa e verso. Há alguns um pouco mais longos e outros mais curtos. Procuramos adaptar, em cada momento, a extensão e a forma de compor as histórias às emoções e como estas vão se desenvolvendo em cada caso. Por isso, introduz-se cada conto com uma história real. Com nomes e detalhes modificados, mas reais. Histórias de crianças reais que em algum momento da vida sentiram medos e nos contaram.

Antes de começar, também queremos recordar a necessidade de induzir o relaxamento, para regular a respiração física e a emocional. Podemos dizer à criança:

>Lembre-se de que vamos ensinar a nossa mente
>Como, devagarzinho, se deve respirar…
>Para que nosso corpo,
>Aos pouquinhos, possa relaxar.

Adapte o gênero do protagonista da história, escolha o personagem favorito e o objeto de referência de que a criança mais goste. Se formos contar a história durante o dia, desenhar depois poderá ser uma boa opção, como já sugerimos no capítulo anterior. Com desenhos espontâneos ou colorindo mandalas.

Utilizamos os contos incluídos na lista a seguir em consultas com crianças que sofriam com medos. Com algumas modificações, mostraram-se úteis com outras crianças que tratamos.

O medo de morrer

A morte é difícil de entender com pouca idade. As crianças menores de oito anos normalmente são muito concretas em sua percepção da realidade. Ainda que comecem a compreender o conceito de tempo e sua duração, com respeito à morte elas podem ser muito concretas. Refiro-me ao fato de que entendem o que é deixar de viver, mas o conceito de que não se volta a viver é difícil de encaixar em seu pensamento. Elas precisam saber o que acontece com o corpo, com a pessoa, o lugar em que estará. A explicação se torna complicada quando são pequenas.

Por volta dos cinco ou seis anos, muitas crianças começam a perguntar coisas sobre a morte, mas têm apenas um conhecimento rudimentar do ciclo da vida, associando a morte com a idade avançada. Aos sete anos, podem suspeitar que elas também morrerão algum dia e suas perguntas se concentram mais sobre os aspectos físicos da doença e da morte. Aos nove ou dez anos, muitas crianças estão preparadas para receber respostas de forma direta e completa.

Não se pode nem se deve proteger as crianças da realidade, evitando temas desagradáveis como a morte. As crianças devem vivenciar suas próprias perdas, seja de um animal, de um parente longínquo ou de um vizinho. Deve-se permitir que falem disso, que exponham seus medos, que perguntem o que quiserem e obtenham respostas verdadeiras. Vejamos, a partir da breve descrição de dois casos, como a criança desenvolverá uma estratégia válida ou, ao contrário, tenderá a desenvolver o medo, a partir do problema colocado de maneiras diferentes.

O caso de Estela e a alegria de viver

Faz um tempo que comentaram conosco o caso de um menino de quatro anos que certo dia, enquanto estava sentado no sofá da sala de sua casa, fez esta pergunta a sua mãe: "O que é morrer, mamãe?". Imaginamos a cara de susto da mãe. Como quase todas as mães, diante de perguntas que geram certa ansiedade, respondeu com outra pergunta: "Por que pergunta isso, querido?". Como resposta, ela obteve um "Não sei... porque sim"... Ela respondeu: "Ora, é não estar vivo". Não houve mais explicação, bastou a resposta clara, concreta e muito simples que uma criança nessa idade precisa.

Conhecemos também, desta vez em consulta, a menina Estela, de seis anos, a quem explicaram com certa profusão de detalhes que a morte é como dormir para sempre e que é algo que pode acontecer a qualquer momento. Que não importa a idade, embora o normal seja morrer velho. Mas que, como há doenças e acidentes, se pode morrer em qualquer momento ou lugar. E, certamente, podemos morrer sozinhos ou acompanhados. A verdade é que esta, obviamente, é uma explicação realista. Mas, por sua idade, Estela não tinha ferramentas emocionais para confrontar-se e se sair bem diante de algumas imagens que esta descrição podia lhe provocar.

É certamente necessário para nossos filhos contar-lhes como são as coisas, sem ocultar detalhes tristes nem dolorosos, mas também é preciso explicar da forma mais simples e clara possível, sem rodeios nem excessos.

Estela desenvolveu o medo de dormir e de ficar longe de seus pais, ou que estes saíssem de casa sem que ela os acompanhasse. Também somatizou seu medo, pois, em qualquer das situações descritas ela vomitava. Andava de lá para cá com um baldinho de praia... para o caso de uma emergência. Os pais não identificavam o motivo. Pensavam que era para chamar a atenção.

Era tamanho o medo de se separar, que tivemos que deixar a porta do consultório aberta enquanto sua mãe aguardava na sala de espera. Dessa forma, mantinha sua tranquilidade enquanto estava sentada no "enorme divã da tranquilidade... no qual todas as crianças que se sentam crescem alguns milímetros".

Começamos, em uma primeira sessão com sua mãe, perguntando-lhe qual era o personagem favorito da menina e ela nos indicou Pocahontas. Então, quando conhecemos Estela, sobre a mesa do consultório havia uma pequena *bomboniére* com a personagem de seu desenho favorito. Deu-se a curiosidade de que seu cabelo era liso, escuro e longo, muito longo. Naquele preciso momento, seu corpo magrinho e sua voz baixa a fazia se parecer muito com Pocahontas. E foi assim que começamos a enfrentar seus medos (morte, escuro e ficar longe de seus pais).

Depois de três sessões, Estela permitiu que seus pais saíssem sozinhos para dar "um passeiozinho", deixou de levar com ela o balde de praia (para o caso de vomitar) e conseguiu dormir na casa dos avós.

Para introduzir Estela no conto terapêutico que preparamos para ela, dissemos o seguinte: "Bom, Estela, se você deixar, posso lhe contar uma história que sei de memória...

É de um livro muito especial que tenho em casa. É um livro enorme… muito, muito grande, e por isso não posso trazê-lo aqui, na terapia. Mas, se você quiser, posso contar para você. É sobre a vida de Raio de Sol e sua irmã mais nova, Luz da Lua, que não aparecem no filme da Pocahontas, mas são suas melhores amigas. Está no livro das histórias especiais que só estão escritas. E, se você gostar, na próxima vez em que nos encontrarmos, eu trarei para você escrita em papel, só para você. O que acha?

Como se pode ver, a magia do conto deve ter início antes de sua função terapêutica, se quisermos cativar a atenção da criança. E a ideia encantou Estela, como nos confirmou com um amplo sorriso que iluminou seu rostinho.

Antes de contar a história, para facilitar ainda mais a aceitação da mensagem terapêutica, utilizamos a indução ao relaxamento do balão, neste caso com forma de unicórnio, pois, em nossa conversa prévia, ela dissera que era "o animal de histórias mágicas de que mais gostava".

No capítulo seguinte, você terá mais informações sobre técnicas de relaxamento para crianças.

Conto para ajudar com o medo de morrer

Muito bem, com os olhos fechados, se você me escutar atentamente, vamos conhecer uma história diferente, com a qual você poderá voltar a sorrir à noite… Em meu livro, eu li uma história de minha índia favorita que vai surpreendê-la. Diz assim:

Conta a lenda que certa vez, num lugar muito longe daqui, havia um povoado índio. Nele viviam índios e índias, meninos e meninas, irmãos e irmãs e também cavalos e éguas. Viviam nas ocas, que são as cabaninhas de palha que os mantêm aquecidos. Os dias passavam tranquilos, e eles se dedicavam a trabalhar, a ir à escola, a descansar e também a brincar.

Ali vivia uma família que tinha duas filhas. Eram muito parecidas. O cabelo delas era muito escuro e os olhos, grandes e negros. A mais velha se chamava Raio de Sol e a mais nova, Luz da Lua. Todos os dias, depois de jantar, elas se sentavam um pouco para conversar. Numa dessas noites, Raio de Sol contou para sua irmã que tinha um segredo que a assustava.

– Luz da Lua, não sei o que acontece, mas todas as noites me dá vontade de chorar antes de dormir – disse Raio de Sol a sua irmã, com voz baixa e assustada.

– E por que isso acontece, querida irmã? – perguntou Luz da Lua, preocupada.

– Não sei, mas tenho medo até do vento. Não quero fechar os olhos, tenho medo de não acordar, penso que vai acontecer alguma coisa ruim com nossos pais... tenho medo de morrer... e se eu não acordar mais? – continuou Raio de Sol, falando rápido e com uma expressão triste no rosto.

Nossa querida Raio de Sol abria muito os olhos, dava para ouvir a sua respiração, e ela chorava sem conseguir parar. Luz da Lua, que era menor, a abraçou e, sem demora, disse à irmã tudo o que agora lhe vou dizer.

– Não se preocupe, pode chorar, isso é normal. O unicórnio mágico, que eu vi no céu outro dia, me deu uns conselhos – disse Luz da Lua com calma e sorrindo.

– Conselhos? E por que a você? – perguntou nossa querida amiga, a índia mais velha.

– Ora, porque ter medo é normal e comigo aconteceu até de vomitar... Um dia, depois de brincar, comecei a tremer, não tinha força e quase não conseguia respirar. Então, a minha barriga começou a doer e eu vomitei. Fiquei com muito medo, achei que ia morrer... Mas aguentei um pouquinho e isso não aconteceu. Então me deitei na grama e olhei para o céu, fiquei olhando as nuvens passarem... como se estivessem correndo. Daí apareceu um grande unicórnio mágico... era maravilhoso de verdade... era branco, tão branco que brilhava... e tinha um chifre colorido...! E ele sabia o que estava acontecendo comigo. Ele disse que os medos são normais, que às vezes aparecem quando nós crescemos, mas que a gente não precisa se preocupar. Que isso acontece com muitas crianças, que elas até vomitam, e que, por isso, eu não precisava me assustar. E que, se aprendermos pequenos truques, podemos ensinar nossa mente a afastar os medos. Assim, eles se vão embora. Quer que eu ensine a você como pode aprender a deixar de ter esse medo ou qualquer outro que possa aparecer? – explicou Luz da Lua de forma segura, tranquila e detalhada.

– Sim, por favor, diga o que eu tenho que fazer – pediu Raio de Sol, insistente e quase gritando.

– O truque está na respiração... – disse Luz da Lua, lentamente.

– Mas... você falou para ele do medo da morte? – interrompeu Raio de Sol. Não estava mais aguentando.

– Bom, eu nem perguntei, ele me disse sem eu perguntar... Parecia que sabia muito de medos, sabe? Acho que é quem mais sabe disso no mundo todo, por isso é mágico – respondeu Luz da Lua.

– E aí?... – parece que Raio de Sol começava a ficar muito impaciente.

– Ele me disse que morrer é o que vem depois de viver... e que, como vem depois, o mais importante é o que vem primeiro... o viver. Que é normal a gente ter esse medo, às vezes. Que o medo de nossos pais morrerem também é normal. Mas que eles estão vivos e isso vem primeiro... e que o importante é aprender a deixar que o medo vá embora, mesmo que a gente sinta medo. Vou ensinar para você, mas tem que ser agora, porque quero ir brincar! – a indiazinha também começava a ficar impaciente.

– Siiiiim!!!... Vamos! Como é? – gritou, saltitando, a índia mais velha.

– Tem que respirar muito devagariiinho... enchendo a barriga de ar, muito devagariiinho... e depois segurar, contando na cabeça até 6 – 1... 2... 3... 4... 5... 6... – aí você solta outra vez, muito, muuuito tranquilamente.

Enquanto a escutava, Raio de Sol ia fazendo o que sua irmã explicava.

– É fácil, eu gostei! – disse com voz serena Raio de Sol, enquanto sorria para sua irmã docemente.

– E agora, cada vez que o ar sair... o medo sairá com ele e não entrará mais – disse Luz da Lua, explicando o truque.

Nossa amiga, a índia mais velha, ficou ali um pouquinho, imaginando como seu medo ia se distanciando cada vez mais e mais...

E, desde aquele momento, Raio de Sol, de cabelo negro e olhos escuros, aprendeu que os medos são normais, mas que podem ir embora. Por isso, todos os dias, na cama, antes de dormir, respirava contando até 6 e seu medo acabava indo embora... E ela entendeu que o importante é viver.

O mais importante é viver.

Conselhos para personalizar este conto

O nome do protagonista, o gênero e os animais devem mudar em função dos gostos e particularidades das crianças. Isto facilita sua identificação com as personagens e a história terapêutica que lhes contamos.

Medo de escuro

As crianças normalmente relacionam o escuro com a solidão e o desamparo. A falta de luz também faz a imaginação voar e traz a suspeita de que a escuridão esconda pessoas desconhecidas ou monstros debaixo da cama, dentro do armário ou atrás das cortinas do quarto. Um simples ruído pode representar uma nova ameaça, que vem de algum fantasma ou de alguma outra criatura de sua imaginação.

Em muitos casos, o escuro representa o fim do dia, o fim das atividades e das brincadeiras. Quando ele chega, os pais se vão e não se pode ler nem brincar, nem fazer nada divertido. Nesse caso, não se trata de medo, e sim da inquietação pelo que não se pode fazer. O medo do escuro, normalmente, aparece na hora de dormir. Quando uma criança pede a seus pais que não apaguem a luz, pode estar querendo estender o dia e também evitar o medo de estar na escuridão.

O caso de João e os bichos minguantes

João, de sete anos, chegou ao consultório cedo, com muita vontade de nos conhecer e um grande livro na mão. Era um menino atlético, loiro e muito falador. Veio com seus pais, embora não precisasse que o acompanhassem, pois ia livremente de um lugar para outro da clínica. Ia e vinha sozinho, da recepção à sala de espera, da toalete, percorrendo o corredor, outra vez, à recepção, pulando sem parar.

Era assim o tempo todo, segundo comentaram seus pais. Menos à noite, quando não queria dormir sozinho e se agarrava a eles como se fosse um molusco. Seus pais haviam tentado tudo e nada adiantava. Eles achavam que era normal, mas estavam desesperados. Já não aguentavam mais. Por isso fomos apresentados a João.

Neste caso demos instruções aos pais para que tivessem paciência e também aprendessem a relaxar – incluímos o exercício de relaxamento para adultos no último capítulo, assim como algumas dicas para ficar mais serenos. Depois, elaboramos um conto e o menino aprendeu a "enfracar seus medos".

Para introduzi-lo no jogo indutor do relaxamento, começamos dizendo-lhe: "Bem, João, se você quiser, podemos sentar no grande divã mágico e posso contar uma história que me contaram quando eu tinha dez anos. Mas... não sei, é para crianças um pouco maiores... Bom, eu conto e você ouve. Tudo bem? Vale a pena. Feche os olhos, e com os olhos descansados..." (relaxamento do balão e em seguida o conto).

Conto para ajudar com o medo do escuro

Luís era um menino moreno, de olhos escuros e corpo forte, pois praticava esportes (basquete e tênis). Tinha o cabelo muito, muito curtinho, braços muito magros e suas pernas pareciam feitas de chiclete, de tão compridas que eram. Durante o dia, brincava e ria muito, mas à noite nosso amigo parecia se transformar.

Quando a lua aparecia no céu e tudo ficava silencioso, seu rosto empalidecia. Seus olhos se entristeciam e o corpo parecia se encolher. Luís tinha medo do escuro, de ficar em casa com as luzes apagadas, sozinho, depois que seus pais fossem se deitar.

A noite assustava Luís, principalmente quando dormia sozinho no seu quarto, no escuro. As cores se transformavam e ouvia barulhos estranhos, vindos não sabia de onde. Ele não conseguia evitar o medo e seus pais vinham acudi-lo. Eles acalmavam o menino, que então lhes contava:

– Tem bichos aqui no meu quarto... eu os escuto, papai, de verdade... É assim... E deve ter um gigante também... é muito alto o barulho dele. Quando apago a luz, ele aparece, não me deixa em paz... Não, não vá embora, mamãe, fique aqui do meu lado.

Então, seus pais se sentavam a seu lado, faziam carinho, davam beijinhos e diziam que não precisava ter medo de nada, pois esses ruídos eram normais. Explicavam que podia ser o vento ou mesmo o tique-taque de seu despertador.

Mas isso não acalmava nosso amigo, pois toda noite acontecia a mesma coisa. E assim, tudo continuava igual. Por isso, quando seus pais não estavam vendo, ele acendia uma pequena lâmpada e, dessa forma, os bichos desapareciam. Tinha certeza, sempre acontecia assim. Na manhã seguinte, ele acordava mais tranquilo, porque nessa hora não acontecia nada. Durante o dia não havia barulhos estranhos. Nada era estranho. Disso ele também tinha certeza.

Decidiu contar isso a um de seus melhores amigos. No recreio, enquanto tomavam lanche, ele então contou, com um pouco de vergonha… Tantas vezes lhe disseram que ter medo era coisa de criança pequena – e ele já era grande –, que agora sentia vergonha. Mas seu amigo costumava entendê-lo (sabia quando deveria passar a bola no jogo, ou quando queria brincar com jogos de montar e muitas vezes dividiam o lanche). Sim, seu amigo o entendia, por isso ele resolveu contar.

Todo mundo lhe dizia que não acontecia nada, que seu quarto era o mesmo durante o dia e à noite. Mas Luís não sabia o que acontecia, só sabia que tinha medo. E seu amigo Ângelo o entendia, o compreendia, e lhe perguntou:

– Mas do que você tem mais medo à noite, Luís? – quis saber Ângelo, de olhos arregalados, segurando em seu braço.

– O que me dá mais medo são os barulhos que sempre aparecem quando eu menos espero. Eles me deixam tão nervoso, que não consigo parar de ouvi-los. Parece que tem alguma coisa embaixo da minha cama – confessou Luís, baixando o tom de voz e olhando de um lado para o outro.

– E alguma vez você viu o que faz esses barulhos? Sabe que forma tem… como é? – perguntou Ângelo de forma insistente.

– Claro que não, mas sei que tem alguma coisa lá! – afirmou Luís, de maneira muito segura.

– É claro que sim. Eu também sei disso… fica sempre ali para nos assustar. Só não sei por quê. Acontece a mesma coisa comigo e com a Maria também. Ela conseguiu ver, parecia um enorme dinossauro – contou Ângelo, arregalando os olhos e abrindo os braços para mostrar o tamanho do bicho.

Luís ficou de boca aberta. Havia mais gente como ele. Que deviam fazer? Formar um grupo das crianças assustadas pelos bichos barulhentos e, juntos, ir de casa em casa enfrentando-os como os caça-fantasmas? Enquanto pensava em tudo isso, sua amiga Maria se aproximou. Era uma menina alta, loira e com o cabelo muito crespo. Seu rosto era cheio de sardas e ela estava sempre sorrindo. Chegava saltitando e cantarolando uma canção.

– Olá! O que estão fazendo? Vamos pular corda? Vamos fazer alguma coisa? – perguntou-lhes Maria, rapidamente e com voz estridente.

Ela sempre tinha que fazer alguma coisa, estava sempre em movimento. Às vezes, até deixava Luís nervoso. Mas era tão simpática, que era uma de suas melhores amigas.

– Maria, é verdade que você também escuta barulhos estranhos no seu quarto? – perguntou Luís, um pouco envergonhado e sentindo o rosto ficar vermelho.

– Não escuto mais. Descobri como assustar os bichos e eles foram embora – respondeu sorrindo, enquanto pulava amarelinha.

– Mas… eles não são perigosos, como dinossauros? – perguntou Luís, mais assustado ainda.

– Sim, mas eu os expulsei – repetiu Maria, enquanto fazia um rabo de cavalo. Não conseguia mesmo ficar quieta.

Luís não podia acreditar no que estava ouvindo. Maria era uma menina menor que ele e tinha conseguido expulsar os monstros! Não podia ser verdade, alguma coisa não se encaixava… Mas, por outro lado, se ela tinha conseguido, ele também podia tentar. Não, mas não podia ser. Tinha algo estranho nessa história. Não fazia sentido.

E o medo se "enfraca" e desaparece.

— Maria, não minta para mim, diga-me a verdade. Não vai acontecer nada. Eu sou seu amigo, eu também tenho medo deles — insistiu Luís, assustado e perplexo ao mesmo tempo.

— Mas estou dizendo! Eles não estão mais lá. Foram embora... Se você deixa eles ficarem, eles ficam. São tão preguiçosos que, quando chegam a um quarto de criança, se a gente deixa, eles passam a viver lá — sentenciou Maria mais uma vez.

— Preguiçosos? Eu é que deixo eles ficarem? — Luís estava cada vez mais perplexo, assombrado, mas começou a se sentir um pouco mais tranquilo. — Como assim, Maria, do que você está falando? Não estou entendendo nada.

— Olha, é muito simples. Minha avó me explicou: eles se alimentam do ar que temos a mais. Então, quando nós respiramos muito depressa, damos muito ar para eles. Então eles engordam e... fazem mais barulhos para nos assustar, porque, quando temos medo, respiramos mais depressa. Minha avó me disse. E é verdade, isso sempre acontece. Então, temos que aprender... É verdade, eles foram embora do meu quarto, não estão mais lá. Eu parei de dar a eles as sobras de ar. E tinha bichos de todos os tipos, inclusive dinossauros. Mas, num estalar de dedos, eles se foram, sufocaram. Claro, como eu não dei mais ar, eles se "enfracaram"— concluiu Maria, falando cada vez mais alto.

— Hahaha! Não é "enfracar", é enfraquecer, Maria! — Ângelo caiu na gargalhada.

— Deixa ela falar como quiser! Mas, Maria, se sempre temos que respirar, sempre vai sobrar algum ar... — continuou Luís com suas perguntas, enquanto ia ficando mais calmo.

– Mas eles só usam as sobras do ar "rápido". Não é de outros tipos de ar. Você tem que conseguir respirar devagar, enchendo a barriga e depois esvaziando bem lentamente. Desse ar eles não gostam nada, nada. Se você respirar pelo nariz, não acontece nada. Mas tem que ser devagar... E do ar da barriga eles gostam ainda menos... Bom, eu vou indo. Estão brincando de pular elástico ali. Vocês vêm? – perguntou Maria, enquanto se distanciava pulando corda.

Então, como chegou, Maria se foi: com um sorriso de orelha a orelha e sem bichos. E lá estava Luís, com olhos arregalados, pensativo e muito mais tranquilo do que antes. Realmente ficou mais calmo depois de ouvir sua amiga. E agora, o que fazer? Valia a pena tentar? Então, Ângelo disse algo:

– Eu vou tentar. Se Maria fez, eu também vou fazer eles sumirem... Não perdem por esperar, não vou mais dar meu ar a eles... vão passar fome! Imagine... "enfracá-los"... hahaha! – falou com si mesmo, enquanto ria sozinho.

Luís ainda não tinha dito nada, mas pensou e pensou. "Bom, eu também vou tentar."

Quando a noite chegou, ele escovou os dentes, pôs o pijama e leu um pouquinho. Até que sua mãe chegou e lhe deu dois beijos. Então, apagou a luz. Luís não podia deixar de pensar em sua amiga, mas também nos bichos. Seu pai entrou e lhe deu outros dois beijos. Logo começou a ouvi-los... E, misteriosamente, ouviu também a respiração do seu corpo, de seu próprio corpo. Então lembrou: "Se deixar sobras de ar, eles aumentam de tamanho...". Luís respirou lentamente, devagarinho, enchendo a barriga como se fosse um balão... desses que flutuam no ar... e soltou muito, muito devagar até todo o ar sair de seu corpo. Quanto mais devagarinho saía o ar e mais lenta ouvia sua respiração, menos ouvia os bichos e misteriosamente seus olhos começaram a enxergar na escuridão. Eram como lanternas que lhe permitiam ver. Esta parecia ser a solução. De repente, seu pai o despertou.

– Fui ver você à noite, mas, quando entrei, já estava dormindo... Dormiu bem? – disse ele, enquanto dava um beijo de bom-dia.

– Já é de manhã, papai? Mas eu acabei de dormir... e os bichos... Tem certeza que já é dia, papai? – perguntou, surpreso, achando que era um sonho.

– Sim, é dia, e sábado! Vamos jogar basquete? – confirmou o pai.

E os dois se foram, depois de tomarem café da manhã. E no caminho Luís foi explicando como já não ia mais deixar, de maneira nenhuma, que os bichos que às vezes existem na escuridão ficassem lá. Ensinou ao pai como se faz para "enfracá-los" com a respiração tranquila e como isso funciona, esteja onde você estiver. E explicou como isso era realmente verdade. Só precisa tentar, respirando devagar... segundo após segundo... minuto após minuto... e noite... após noite.

Conselhos para personalizar

Podem-se variar os nomes dos amigos que intervêm e trocá-los por nomes de coleguinhas próximos da criança. O protagonista pode ser de outro gênero e, inclusive, ser um animal ou um boneco (ou boneca) preferido. Podemos incluir familiares conhecidos da criança.

Medo de ficar só ou de ser abandonado

Há crianças mais vulneráveis do que outras aos efeitos do sentimento de abandono, que chega a provocar transtornos na aprendizagem e produzir dependência dos pais. Acontecimentos como divórcio, falecimento de entes queridos, enfermidades de longa ou dolorosa evolução, acidentes etc. podem ser reativados em outras etapas críticas.

As crianças podem ouvir comentários desagradáveis que, embora possam não ser de grande importância, num clima familiar tenso ganham maiores dimensões, incutindo nelas a sensação de responsabilidade sobre as emoções dos pais.

Temor intenso de serem abandonadas pelos pais e não serem amadas. A maioria das crianças fica preocupada porque acreditam que suas necessidades não serão atendidas. Temem que, como o relacionamento de seus pais acabou, o mesmo possa acontecer com a relação entre pais e filho: "Se papai foi embora, quem me garante que mamãe também não irá? Se você não quer mais morar com o papai, como posso ter certeza do que acontecerá depois? E se você não me quiser mais também?".

Depois da separação ou de um acontecimento vital importante como a perda de um ente querido, a criança pode se sentir mais insegura, pois a estabilidade familiar, as rotinas que implica e os vínculos associados a ela se rompem. Até o momento da separação, o papai e a mamãe estavam ali, para protegê-la. Agora, apesar dos adultos saberem que isto não tem por que acontecer, a criança percebe que não há mais família que a apoie e que tudo o que até agora a sustentava e protegia desapareceu. Tudo se torna menos confiável e menos previsível, e a criança já não tem claro como deve agir.

As emoções das crianças nos processos de separação costumam variar, apresentando ansiedade diante da separação, sentimento de inferioridade, hipersensibilidade, timidez, depressão, dificuldades nos relacionamentos. Mas, provavelmente, o sentimento mais comum e que durante mais tempo permanece é o da culpa. Sentem-se culpadas por haver provocado a ruptura entre seus pais, por sua forma de ser ou por suas condutas.

Então, há uma série de contos-poemas que criamos para Júlia, uma menina cujos pais se separaram de maneira tensa e inesperada. A menina desenvolveu sintomas depressivos e medo de ficar só. Sua ansiedade revelou condutas perturbadoras em sala de aula, como falar excessivamente ou interromper-se frequentemente, sem motivo aparente. Demonstrava constantemente não saber com quem ficar, se com o pai ou com a mãe. Se ficava com um, sentia-se mal, e se ia com o outro, também não ficava bem.

O caso de Júlia, que descobriu que nunca ficaria só

Júlia fazia perguntas como: "Com quem tenho que ficar nas férias? Se for ver mais os avós 'da mamãe', papai vai ficar chateado?". Durante várias sessões, foi preciso instruir os pais, em primeiro lugar, sobre as mudanças nos modos de agir, já que eles percebiam que o principal problema eram as condutas da filha, e, em segundo lugar, as discussões do casal.

A percepção, sobretudo de um dos pais, era de que a tensão entre ambos era provocada pelas condutas incomuns da filha. Interpretava que essa era uma maneira de a menina chamar a atenção.

Por esse motivo, reforçamos a fase educativa na qual se dá a informação sobre as reações emocionais das crianças ante a separação, que desencadeiam níveis de ansiedade importantes e podem provocar mudanças de conduta e emocionais, entre as quais a enorme sensação de insegurança diante de qualquer situação ou pessoa, sem por isso serem as responsáveis pelas mencionadas mudanças.

Conto para ajudar com o medo de ficar só

Sabe, Júlia,
Minha amiga Bela depressa entendeu
Que não havia por que ter medo,
E a relaxar seu corpo finalmente aprendeu.

Era um dia desses qualquer,
Quando nossa querida Bela percebeu
Que de todas as pessoas
Sempre muito amor recebeu.

É por isso que, num belo dia de sol,
A princesa deste poema
Juntou os seus amigos
E deu a solução do seu problema.
Como você deve saber, amiga Júlia,

O amor vive no coração,
O coração mora dentro das pessoas,
E sempre sua família elas serão.

Nessas duas casas teria sempre muito amor.

Esta é uma boa ocasião
Para que nossa amiga Bela,
De quem gostamos tanto,
Nos ensine esta preciosa lição:
Que o importante não é onde estamos,
Nem a casa onde vivemos,
O importante é que o carinho que temos
Nós o compartilhemos.

Bela dizia neste nosso conto
Que a seus pais muito queria,
Mais que tudo neste mundo,
E que em seu coração sempre os levaria.

Por isso compreendeu
Naquela bela manhã:
Que, mesmo que na mesma casa não vivam,
Seus pais ainda a amam.

E assim, de forma tão bonita,
Bela notou
Que nessas duas casas
Teria sempre muito amor.

Medo de não ser amado

Quando os pais da criança se separam, a reação depressiva, em maior ou menor grau, quase sempre se faz presente por meio de emoções como tristeza, raiva e, em algumas ocasiões, ódio. Essas manifestações, assim como os sentimentos de culpa, são normais e necessárias para a adaptação à perda da estrutura familiar tal como a criança a vivenciava até então. Com o tempo, vai se acostumar às mudanças físicas, de conduta e emocionais. A não ser que os pais não saibam conduzir a separação de maneira tranquila, e utilizem seus filhos para atingir um ao outro ou para canalizar o próprio mal-estar. Nesse caso, as emoções de tristeza, assim como os medos, tendem a se tornar crônicos.

Como Júlia descobriu o amor verdadeiro

No caso de Júlia aconteceu que, com o passar das semanas, a menina começou a manifestar sintomas de ansiedade e depressão, como tristeza constante na escola, na casa dos avós ou de amigos, e também quando estava a sós com um dos pais. Mas, se ambos os progenitores estavam juntos, ela parecia a criança mais feliz e sorridente do mundo. Em relação a suas condutas, ia de lá para cá sem parar, continuamente, mas sem fazer algo concreto. Demonstrava intranquilidade e, finalmente, chorava.

Neste caso, também instruímos os pais sobre o fato de que uma coisa era se separarem como casal e outra, muito diferente, como pais. Informamos a eles sobre o fato de que ambos os níveis, o do casal e o familiar, na prática, se confundem e se misturam um com o outro. E, durante a fase de separação, sobretudo se for muito conflituosa, a função de pai fica prejudicada, ainda que temporariamente. Por esse motivo se fazia necessário que eles entendessem que não podiam descuidar de ser pais e precisavam exercer tal função plenamente.

O coração sabe que nos amamos.

Conto para ajudar com o medo de não ser amado

Aconteceu, então,
Que um dia Bela compreendeu
Que o que queremos
Está no coração.

No coração dos que amamos,
De nossos amigos, avós e nossos pais também.
Que o importante não é onde estamos...
O que importa é que nos querem bem.

Aquele dia, quando ela tudo vislumbrou,
Era um dia triste...
Bela ficou nervosa
... E chorou.

É normal chorar por alguém que amamos
E quando aprendemos a tranquilos ficar,
Pois o corpo se confunde,
E acha que tudo vai fazer mal.

Bela depois se conscientizou
De que tudo ia ficar bem,
Pois seu corpo aprendia rápido,
E num piscar de olhos se tranquilizou.

O truque de Bela
É simples de entender:
Fecha os olhos, respira devagar...
E deixa que seu corpo relaxe outra vez.

Desde então, Bela sabe
Que o importante não é o lugar onde estamos.
O importante, ela agora entende,
É que o coração sabe que nos amamos.

Um beijo e muito, muito carinho, Júlia.

Medo de ser ignorado

As emoções tendem a se manifestar da forma mais inesperada, tanto nas crianças como nos adultos, como acontece, por exemplo, com as dores de cabeça, de estômago, de garganta, insônia, falta de apetite, de desejo, de motivação e muitos outros problemas. Por isso, ainda que as palavras soem como "sim, eu entendo", as emoções podem estar implorando: "Não quero que isso aconteça", e então a dor emocional precisa sair pelo corpo, para ser ouvida.

O caso de Júlia e como descobriu que era importante

Os professores de Júlia chamaram a atenção de seus pais, pois, segundo comentaram, ela estava sempre intranquila, se aborrecia por qualquer motivo e, curiosamente, começou a se afastar de coleguinhas do sexo masculino. Não parava de interromper as aulas, de correr e pular de uma cadeira para outra.

A solução, sob nosso ponto de vista, estava em mostrar aos pais como deviam entender o que Júlia estava querendo indicar com suas condutas perturbadoras. Que estas, efetivamente, eram maneiras de chamar a atenção, por temer ser ignorada quando tudo voltasse ao normal. Na mente e nas emoções da menina, era algo como "se não me veem, vão se esquecer de mim".

Conto para ajudar com o medo de ser ignorado

Bela
Vivia rodeada de flores, irmãs e muitas, muitas, muitas cores.
Gostava de brincar no jardim, de galho em galho pular...
Cantar lindas canções e sobre a cama saltar.

"E Bela, nossa amiga, é agora Bela-Tranquila."

Mas, em alguns momentos, não conseguia ficar quieta,
Estava muito nervosa...
E parecia a mais ansiosa.
Por isso a chamavam Bela-Pilhada, a que nunca se cansa.
Até que um dia entendeu que ao abrir bem os ouvidos...
O corpo ficava atento, suas pernas se sentavam
E os olhos, muito tranquilos, observavam.
Por isso, desde aquele momento, nossa amiga,
É conhecida como Bela-Tranquila.
Foi então que um belo príncipe ela notou,
E por ele se apaixonou.

Medo sem causa aparente

Nas crianças, sobretudo se são pequenas, os medos noturnos, a ansiedade ao separar-se dos pais, as crises de pânico e a fobia de escola, entre outros medos, estão relacionados com o medo de perder o amor e o carinho dos pais. Isso se manifesta especialmente quando a relação do casal não passa por um bom momento ou termina em separação.

O caso de Júlia e seu dia feliz

Continuamos com o caso de Júlia para descrever as sensações e as condutas que a menina passou a manifestar cinco semanas depois da separação dos pais, embora não aparentassem estar conectadas ao fato. Escolhemos novamente este caso porque os pais apegavam-se à ideia de que, quando falavam com a menina, ela compreendia que papai e mamãe estavam separados, mas a amavam. Efetivamente, o processo racional "parecia ir bem". Era o emocional que, no momento, não aceitava ou não entendia o que estava acontecendo e, por isso, as emoções procuravam alguma saída, por mais estranha que pudesse parecer.

Hoje é um dia feliz e vou me divertir.

Conto para ajudar com o medo sem causa aparente

Aconteceu que, com o passar do tempo,
Nossa amiga Bela percebeu...
Que o passar dos dias
Foi o que verdadeiramente lhe ensinou...

Ensinou-lhe a ter paciência,
A relaxar diante da tensão,
A não duvidar de que falava muito...
Ou rugia como um leão.

Entendeu que, falar mais que os outros,
Não nos torna piores.
Mas que ter consideração pelos outros
É o que nos faz bem melhor.

Por isso Bela, a cada dia,
Com paixão repetia...
As palavras mágicas
Que a enchiam de alegria.

Se você quer, amiga Júlia,
Você também pode conseguir,
Basta dizer todo dia ao levantar-se,
E antes de sua casa sair...

São estas palavras,
Que também eu gosto de repetir,
Que me fazem ficar mais tranquila,
E sempre as digo antes de sair:

"Hoje é um dia feliz,
Vou ficar tranquila,
E vou me divertir".

Bom, querida amiga, este é outro conto para sua coleção, espero que goste e que desfrute dele com muita, muita alegria.

Um beijo muito grande e muito, muito amor.

Medo de que só "meu irmão" seja amado

Toda criança sonha com amor e atenção exclusivos por parte dos pais, quer ser amada ao máximo. Este desejo faz com que seja inevitável o ciúme na família. O filho mais velho nota que os pais dedicam horas a cuidar das necessidades de seu irmão recém-nascido, e o ciúme começa a corroê-lo. A irmã do meio, que nasceu há seis anos, observa como a mãe conta uma história à pequena de cinco anos todas as noites, e ela gostaria de ter algum pretexto para receber a mesma atenção.

O ciúme é normal. O que não seria normal é irmãos serem sempre compreensivos e respeitosos entre si, pois isto poderia significar que não sentem segurança necessária para expressar seus verdadeiros sentimentos. No extremo oposto, quando o ciúme compõe o tema principal da vida de uma criança, esta se encontra em dificuldades. O que se deve conseguir é reduzir o número de situações que causam ciúme e trabalhar o sentimento, quando este se manifestar.

Sem saber, os irmãos ensinam a aceitar uma realidade importantíssima na vida, a de que não se pode receber atenção exclusiva, nem ter vantagem em tudo. Esta é uma lição difícil, especialmente para a criança pequena, que tem de aprender que, mesmo sendo compartilhado, o amor não acaba, como geralmente ocorre com os doces, por exemplo, quando são divididos. Nesse sentido, as rivalidades normais entre irmãos ajudam a reduzir o egocentrismo infantil e a desenvolver habilidades emocionais e recursos internos para lidar com a vida. Por mais incômodas que sejam, é por meio delas que se adquire experiência na relação interpessoal.

O caso de Pedro Antônio, ou o dálmata em sua pequena bolha

Pedro Antônio tinha dois anos e meio quando veio pela primeira vez ao consultório com seus pais. Vieram encaminhados pelo pediatra, pois, apesar de terem tentado de várias maneiras, não conseguiam fazer com que o menino comesse. E era necessário que o fizesse, e, para ele, que era tão pequeno, a alimentação devia ser equilibrada. Pelo menos era preciso tentar.

Seus pais estavam muito assustados, pois, antes "gordinho e saudável", naquele momento a imagem de seu filho era de grave desnutrição. E tudo isso em menos de quatro meses. Assim, após vários exames e tentativas com medicamentos, decidiram trazê-lo.

Pequenino, com olhos enormes e muito negros, Pedro Antônio nos olhava atentamente. Seu amplo e amável sorriso denotava a necessidade de agradar a quem lhe falava. Apesar de nos terem dito que "falava pelos cotovelos", não disse uma palavra nos primeiros dez minutos. Depois se soltou, e como se soltou.

Procurando na breve biografia do menino, ficamos sabendo que tinha um irmão de dez meses de quem ele gostava muito. Seus pais também disseram que o tratavam como se fosse um menino grande. Ele dava a chupeta para o bebê, ajudava a mamãe nas trocas das fraldas, abraçava-o e beijava-o continuamente. "É tão bonzinho, como um mocinho", era a frase mais repetida e que melhor representava nosso pequeno amigo Pedro Antônio, segundo a perspectiva de seus pais, claro. Também ficamos sabendo que sua mãe esperava outro bebê e que Pedro Antônio era o primeiro neto, sobrinho e filho dos amigos mais próximos. Um desafio para o ciúme.

Ainda que, num primeiro momento, não lhes agradasse a ideia de levar o filho ao psicólogo, entenderam na primeira visita que aquele era um trabalho de todos. Concordamos em que, se as tentativas médicas não encontravam uma explicação para o que estava acontecendo, deveríamos interpretar a falta de apetite como um sintoma de que algo se passava em seu sistema emocional. Os pais de Pedro Antônio começaram a se sentir culpados perante esse novo cenário. Frases do tipo: "O que estamos fazendo de errado?", "O que deixamos de fazer?", "Não sou uma boa mãe?", "O que acontece comigo, que tipo de pai estou sendo?", começaram a ser pronunciadas nas primeiras sessões. Em primeiro lugar, nós os acalmamos, normalizamos suas emoções de intranquilidade, tratamos os sentimentos de culpa e nos concentramos em como reeducar as respostas do pequeno. Aconselhamos que lessem o decálogo para serenar e serenar-se e incentivar a independência dos filhos.[1] Trabalhamos durante quatro sessões com o menino e os pais, embora com o pequeno tudo

---

[1] O decálogo para serenar-se e serenar encontra-se no capítulo 5.

tenha ido bem desde a primeira sessão, quando o presenteamos com seu conto. Começou a comer normalmente, sem problemas e sem precisar passar por cirurgia.

Com crianças muito pequenas, sentamo-nos no chão rodeados de brinquedos. Nesse caso, tínhamos um conjunto de animais reais e fantásticos, coleção de carrinhos e de bonecas, peças de montar, bonequinhos de madeira, quebra-cabeças e outros mais. Ele se fixou nos animais, sobretudo na coleção dos dálmatas. Os cachorros o encantavam e termos tantos foi uma ótima coincidência

Formou com eles um círculo, de onde todos entravam e saíam, como se brincassem de "ciranda, cirandinha". Todos menos dois, que sempre tinha nas mãos e com os quais, de vez em quando, realizava algo diferente, mas, principalmente, fazia o cachorro grande saltar sobre o pequeno. Quando lhe perguntamos: "De que eles estão brincando?", respondeu-nos: "Gosta muto, muto, muto" (*sic*). Então continuamos perguntando: "E quem são?". Ao que ele respondeu, mostrando-nos os dálmatas: "Os irmãozinhos… o pequeno e o grande" (*sic*).

Esta cena serviu para começarmos a compreender alguns detalhes do que poderia estar acontecendo no sistema emocional de nosso pequeno amigo. Na brincadeira, em que estão os irmãozinhos dálmatas, o irmão mais velho gosta muito, muito do pequeno… Por isso, brinca de saltar sobre ele, não em cima dele. E salta sobre ele com tal força, que na realidade o destroçaria, se pulasse em cima. Mas fiquemos tranquilos, não nos alarmemos. Lembremos que as crianças nesta idade manifestam suas emoções sem as interpretar. No seu dia a dia, fora da brincadeira, o também pequeno Pedro Antônio não maltratava seu irmão Luís.

Decidimos, então, brincar com ele e lhe contar um belo conto de cachorros e cores. Sobre o tapete, junto aos brinquedos, deixamos uma série de adesivos redondos de cores variadas. Brincamos também durante alguns minutos para relaxar, como fazem as borboletas e as tartaruguinhas. E começamos com a narração: "Como brincam bem os cachorrinhos... Posso lhe contar uma história que aprendi quando contavam histórias para mim e para meus irmãos menores?". "Sim", respondeu. "Obrigado... É uma história de cachorrinhos que eram irmãos de outros cachorrinhos, e eram um monte de irmãozinhos... É assim...".

Conto para ajudar com o ciúme

– Era uma vez um lugar muito bonito, perto daqui, onde vivia uma família muito, muito feliz. Era uma família de cachorros dálmatas coloridos! De que cores eram, você pode me dizer?...

– Peto, é peto e vede, olho, laanja (*sic*).

– Isso mesmo... uns pretos, outros verdes, laranjas, azuis e de todas as cores. Um dia estavam correndo, um atrás do outro, abanando os rabinhos, puxando as orelhas e dando saltinhos. Era genial, e, às vezes, brincavam de lutar. Era a brincadeira de que Verde e seus irmãos mais gostavam, a brincadeira de luta. Mamãe havia preparado o lanche favorito de todos, que eram um montão... Eram 1, 2, 3, 4, 5, 6, 7, 8, 9, 10... E assim até 100!... Mãe do céu! E todos com manchas coloridas!

O amor está sempre crescendo e nunca acaba.

E para todos preparou leite com bolachas. E todos começaram a comer, devagarinho, muito devagarinho, sem pressa. Todos menos um, o de manchas verdes. O que acontecia? Não gostava do lanche, não gostava das bolachas, ou não sabia comer? Isso preocupava a mamãe cachorrinha, colorida com um montão de cores. E também o papai cachorrinho, de manchinhas marrons. Então, eles diziam: "Você tem que comer, para poder crescer e ficar grande". Mas o cachorrinho de manchinhas verdes não comia e não sabia por que fazia isso. Na casa dos cachorros-avós ele comia tudo, e também na casa da cachorrinha-tia. Mas, muitas vezes, com seus pais e irmãos, ele perdia a vontade de comer e só fazia assim com as patas (abrimos as mãos, colocando os cotovelos no corpo, ao mesmo tempo em que encolhemos os ombros). É que ele não sabia o que responder. Um dia, brincando de fazer bolhas de sabão, entrou em uma delas e, então, voou. Lá de cima via tudo. Via as árvores, sua casa, seus irmãos brincando, seu papai, sua mamãe... Estavam todos tomando lanche. Eram todos iguais? Sim, lá do alto via todos iguais. Mas o que estava acontecendo? Parece que estavam procurando alguém. Um dos irmãos havia se perdido. Mãe do céu, onde poderia estar? Tinha que descer da bolha e ajudar a procurar! Mas não sabia como sair da linda e tranquila bolhinha de sabão. Assim, ficou ali flutuando, olhando e escutando. O irmão de pontinhos azuis dizia: "É que ele é o que pula mais alto...". E o de manchinhas vermelhas retrucou: "Sim, um dia saltou de um galho". Imediatamente, mamãe, sorrindo, disse: "Fico feliz quando me dá beijos pela manhã!".

"E eu, quando me ajuda a procurar flores", acrescentou papai. Então o cachorrinho de manchas laranjas se intrometeu sorrindo e disse que gostava quando lhe contavam histórias, e depois chegou o Pretinho e disse: "Eu gosto quando brincamos de esconde-esconde". E outro, o Lilás, que chegou saltando, comentou que todos sempre o ajudavam muito, mas que às vezes lutavam, embora depois brincassem, e agora isso o preocupava. Então mamãe disse: "Fiquem tranquilos, porque, quando se está crescendo, é normal em alguns momentos ficar aborrecido ou não estar de bem com os outros irmãos. Só é preciso tomar cuidado para não se machucarem. Nós amamos muito vocês, pois, ainda que sejam muitos, o amor não acaba e a cada dia nosso coração se enche mais e mais de amor. O amor e o carinho crescem mais e mais a cada dia. Principalmente, quando nos amamos e nos damos cada vez mais carinho". Lá de cima todos pareciam iguais… e tão poucos! Corriam de um lado para o outro. Então, ouviu papai chamar pelo que estava desaparecido, dizendo: "Verdinho!… Onde você está, meu querido cãozinho verde?". Mas… era a ele que procuravam? Era dele que falavam? Percebeu, então, que o procuravam, que tinham saudade dele e queriam estar com ele. A bolha foi lentamente baixando ao solo e nosso amigo, o cachorrinho de manchinhas verdes, correu para encontrar papai e mamãe e todos os seus irmãos, que lhe deram um montão de beijos, lambendo suas orelhas, o focinho e até as patas. Eles o amavam muito e todos juntos se gostavam de montão. Nosso amigo dálmata verde compreendeu que, apesar das cores e tamanhos diferentes, uns maiores e outros menores, todos somos importantes… Isso é o mais interessante! E que o amor sempre está crescendo e nunca se acaba… Essa é a melhor notícia!

Conselhos para personalizar

Como já comentamos em outros casos, personalizar não significa necessariamente dar o nome de nosso filho ao protagonista. Personalizar significa, para nós, emprestar ao protagonista, ao herói da história, as emoções, os gostos, as condutas, as características pessoais que a criança possui. Aquele que finalmente sairá vitorioso. Por isso, neste conto se poderiam substituir os dálmatas por qualquer outro animal. Escolher o roteiro, mas utilizar como protagonistas um monte de bonecos coloridos ou animais variados. O gênero, a idade, as características físicas são mudanças necessárias, sobretudo se o menino ou a menina tem pouca idade.

Medo da escola

Quando a criança chora na hora de ir para a escola, isso nem sempre é fobia escolar. Por isso, é preciso diferenciar essa fobia do que chamamos rejeição escolar, que consiste numa decisão consciente por parte da criança de negar-se a ir à escola, que nada tem a ver com a ansiedade que se produz na fobia escolar. Também é preciso distinguir a fobia escolar da ansiedade pela separação, que está mais relacionada com o fato de separar-se da figura à qual a criança é mais apegada (pai, mãe etc.) do que com o fato de ir à escola.

A fobia escolar é a rejeição prolongada que uma criança experimenta ao ir para a escola, por algum tipo de medo. Um medo que pode estar relacionado com fatores com a escolaridade (medo do professor, baixo rendimento escolar, problemas com os colegas) ou com acontecimentos vitais negativos (doença prolongada, ruptura na estrutura familiar), entre outros motivos.

O caso de Paulo e Carla e seu castelo-escola especial

Paulo e Carla eram dois irmãos gêmeos de dois anos e meio, muito ativos e risonhos. Seus pais haviam decidido tê-los aos 40 anos. O processo foi longo, pois procuraram ajuda em um centro de fertilidade. Antes que nascessem, houve três abortos, motivo pelo qual a superproteção dos pais era constante. Eles, professores, tinham horários de trabalho que podiam facilmente conciliar com o tempo para a família, e por isso desfrutavam de muito espaço compartilhado e atividades em conjunto que lhes agradavam e satisfaziam plenamente. Até o momento de vir ao nosso consultório, eles gerenciavam bem tudo o que acontecia, a experiência com educação era de grande ajuda para cultivar a paciência, nos primeiros momentos de vida em comum, com dois bebês ao mesmo tempo e sem experiência anterior como pais.

Por que vieram então? As crianças choravam e as birras eram cada vez piores, de manhã, quando pegavam as chaves do carro para ir à escola. Haviam tentado de tudo, mas nada funcionava. Os recursos habituais para fazer com que ficassem sozinhos não deram certo. De fato, contavam que, quando estavam no pátio, em espaços diferentes, separados por uma pequena grade, agarravam os dedinhos como podiam (introduzindo-os pelos buraquinhos) chorando como bebês e gritando: "imão… neeenê!". A imagem devia ser muito terna. Mas, claro, também muito dolorosa para eles e seus pais. Então, decidiram não levá-los mais até que essa angústia desaparecesse, motivo pelo qual os conhecemos no consultório.

As orientações que lhes demos foram informar-lhes da necessidade, que eles já sabiam, da independência das crianças. De como deviam ir instruindo-as a manter as condutas modeladoras no dia a dia; de como isso é difícil para nós, os pais, pois temos medo que nossos filhos sofram, que se machuquem, que se assustem e "desenvolvam um trauma". Definitivamente, todas essas mudanças podem produzir mais ansiedade em nós do que neles. E a verdade é que, sem dúvida, um dos medos que temos, como pais, é que nossos filhos não sejam felizes ou que se sintam infelizes. Pode parecer um pouco egoísta, mas no fundo nossa felicidade depende da deles, e por isso, ainda que a princípio seja difícil, devemos dar-lhes ferramentas para lidarem com as emoções e se tornarem emocionalmente independentes, o que não significa que se afastarão ou deixarão de nos querer bem.

Para ajudá-los neste processo, uma vez informados, entregamos a eles a lista do decálogo para serenar-se e serenar, que apresentaremos no próximo capítulo. E, junto das crianças, com os brinquedos e alguns contos, nos sentamos no tapete e começamos a nos agitar como as borboletas e a caminhar como as tartarugas (truques para relaxamento que você também encontrará no próximo capítulo). Depois chegou a hora do conto em verso, nosso conto-poema especial, que os ajudou a eliminar a angústia emocional. Carla desde o começo foi bem, mas Paulo demorou mais uma semana para se separar dos pais.

"E agora, muito, muito devagarinho, vou contar uma história muito, muito bonita para estas duas crianças muito tranquilas..."

O castelo-escola especial, onde todas as crianças
são os príncipes e as princesas do lugar.

Conto para ajudar com o medo da escola

Era uma vez,
Em um lugar não muito longe daqui,
Onde viviam dois irmãos
Que gostavam muito de rir.

Riam enquanto falavam
E também enquanto comiam...
Riam enquanto brincavam
E também enquanto banho tomavam.

Colorina era uma bonita menina de dois anos,
De cabelos castanhos e olhos escuros.
E Colorino um belo menino, também de dois anos,
De cabelos escuros e olhos castanhos.

Estavam sempre juntos,
A não ser para dormir.
Histórias contavam...
Até mesmo quando brincavam.

Um dia,
Sua mamãe lhes contou
Que iam à escola,
"Como os mais velhos", explicou.

No começo estavam tristes,
E tinham razão...
Pois separar-se de seus pais
Entristecia-os de montão...

Mas, desde o primeiro dia em que lá chegaram,
Viram que lá tinha magia...
Pois era um castelo para crianças,
Com alegria... muita alegria...

Ali chegavam meninos e meninas,
Que são os príncipes e princesas do lugar.
Ficam todos juntos um tempinho,
Para rir e brincar.

E, apesar de haver crianças que choravam,
Que com suas lágrimas aos outros contagiavam,
Fazendo todos chorar…
Depois de um tempinho… iam todos de novo brincar!

Ali conheceram muitas crianças,
E com elas brincavam e cantavam,
E com elas pintavam e também se fantasiavam.

O grande castelo estava rodeado de muitas cores,
Em um lugar especial,
Que fica perto de casa,
Aonde todos os papais e mamães podem chegar.

Podem chegar a qualquer momento,
De carro, andando ou correndo.
Podem chegar os papais, sozinhos,
Podem chegar os avós ou também os titios.

E, ainda que no começo chorassem um pouco,
E isso era muito normal…
Logo se deram conta
De como era bom ficar na escola-castelo especial.

E agora, passem bem, muito bem na escola.
Nós amamos vocês, queridos.

Medo de barulhos

O medo de ruídos, como todos os medos fóbicos, nos preocupará se dificultar a dinâmica normal da criança ou de sua família. Se você não pode ir a uma festa ou a um parque de diversão porque a criança tem pânico de ruídos altos, então, sim, há um problema a resolver. Ao ser surpreendido por um barulho forte, é normal levar um pequeno susto. É algo inesperado. Normalmente, a pessoa se acalma logo que percebe que não havia nada demais. Portanto, é importante avisar a criança sobre o que se vai passar, para não ser apanhada desprevenida, e lhe assegurar que vai estar com ela para ajudá-la a superar o medo.

Nesse caso, descreveremos a situação de duas crianças com medo de barulhos, mas que apresentavam manifestações diferentes: uma menina que desenvolveu pânico de sirenes após uma simulação de incêndio na escola e um menino com medo de fogos de artifício e estouro de balões. Para ambos, fizemos um breve conto-poema.

O caso de Sara, a espirituosa

Sara, de seis anos de idade, é uma criança divertida. Ainda que um pouquinho tímida a princípio, depois de passados cinco ou dez minutos revela-se muito espirituosa. Tem um irmão com o qual se dá bem, na maior parte do tempo. Às vezes, irrita-se quando ele se aproxima de suas coisas, quando a interrompe se está assistindo à TV ou lendo um livro. Sara, há cerca de um mês, passou a se assustar com qualquer ruído, a ter medo de ficar sozinha em qualquer lugar e de dormir sem ao menos uma pequena lâmpada ligada.

Tudo começou depois de uma simulação de incêndio na escola, quando, sem prévio aviso, fizeram soar uma forte sirene. Com a instrução de seu professor, todos saíram devagarinho e em fila. Desde esse dia, em que chegou em casa muito assustada, mostrava-se nervosa, inquieta, não conseguia ficar só nem ir ao banheiro, a luz devia estar sempre acesa, qualquer ruído a fazia pular e na escola passou a apresentar distração. Em alguns dias tinha dor de barriga sem motivo aparente e, então, não a levavam à escola.

Indagando sobre sua história familiar, descobrimos que sua mãe era muito nervosa (tinha medo de aranhas e cobras e de ficar só) e, ao ver sua filha assustada, a mãe se aflige ainda mais. Por isso, instruímos aos pais sobre como deviam diminuir a ansiedade, como enfrentar os próprios medos, como relaxarem e fazer a filha relaxar. Entregamos o decálogo contra o medo e o decálogo para serenar-se e serenar (ver próximo capítulo).

Não houve problema ao ficarmos a sós com a menina. Ela se pôs a brincar, com blocos de madeira, montando um povoado onde havia uma escola. Nesse povoado, vivia um pequeno personagem muito especial para ela que se chamava Bob Esponja. Enquanto ela brincava, falávamos que era normal ter medos às vezes, sobretudo enquanto se está crescendo. E que ele ia embora facilmente, se aprendêssemos um pequeno truque de crianças mais velhas. Ensinamos a menina a relaxar com a indução da técnica do balão (ver próximo capítulo) e lhe recitamos, no contexto do jogo-truque de relaxamento, um conto-poema de personagens do mar, já que a praia aonde ela ia no verão, assim como seus frequentadores, a encantavam.

– Muito bem, Sara, esse lugar é muito bonito e nele devem viver muitas crianças que adoram ir à escola, não é? Elas devem ficar muito bem, apesar de às vezes se assustarem. Conheço uma história de sustos e de barulhos que, se você quiser, posso lhe contar... Quer? Sim? Começa assim...

Conto para ajudar com o medo de barulhos

Um dia, sem saber por quê,
Bob Esponja ficou com medo.
E, desde então, se assusta
Até com o barulho das barbatanas da truta.

Bob Esponja se assustava
Com o ruído dos caracóis.
Quando o ar passa por eles,
Soa como altas trombetas.

Então, um dia, por acaso,
Seu amigo caranguejo lhe confessou
Que antes ele também tinha medo
Dos sons dos moluscos
E dos sons de outros caranguejos!

Esses são medos normais
Que aparecem algumas vezes.
E é muito fácil que desapareçam,
Se aprendermos algumas respirações.

Encher a barriga, contando até seis, e então muito devagarinho esvaziá-la.

Quando respiramos fundo,
Nossos músculos descansam muito.
Nossa cabeça descansa…
E os medos relaxam.

Por isso, todos os animais
Respiram muito devagarinho.
Para que o corpo descanse
E os medos se cansem.

O truque é muito simplesinho,
E tudo consiste em respirar
Inflando a barriga…
Contando até 6,
E muito devagarinho esvaziar!

Bob Esponja ouviu esses conselhos.
E, sabe, Sara, o que aconteceu?
O medo e os sustos…
O ar os levou!

Agora vamos tentar lembrar
Como nosso amigo Bob Esponja
Os medos aprende a eliminar.

Com seu amigo caranguejo,
Todo os dias
Respirava devagarinho…
Enchendo a barriga.
Assim, seu corpo descansava,
E os medos pouco a pouco murchavam.

O caso de Pedro Antônio e seus carros-foguete

Pedro Antônio, de cinco anos de idade, era nervoso, não conseguia ficar quieto nem um minuto. Era um menino independente, que desde muito pequeno queria fazer tudo sozinho. Não houve problemas de adaptação na escola, nem antes, no berçário. Era uma criança muito sociável e afetuosa com todo mundo. Não tinha medo de ficar só, nem de dormir em sua cama, quando chegou o momento. No jardim, quando saía para brincar, era "o rei do pedaço", o líder do grupo. Como era muito sociável, era convidado a todos os aniversários, o que lhe causava um grande problema. Pedro Antônio se assustava ao ver os balões, não tanto por sua forma, mas pela possibilidade de que estourassem, pelo ruído que faziam quando isso acontecia.

Isso vinha sucedendo já fazia algum tempo, mas praticamente desde que nasceu se assustava com foguetes, rojões e fogos de artifício. Por isso, tomavam cuidados especiais na época das festas juninas e de final de ano ou quando havia jogos de futebol. As festas dos familiares e amigos não eram enfeitadas com balões para que Pedro Antônio pudesse ir.

Em todas as sessões da terapia foi acompanhado de sua mãe, a quem informamos como devia falar ao menino de seu medo, como era importante que lhe previnisse, antes de chegar aos lugares, sobre a possibilidade de que houvesse balões, em vez de pedir aos amigos que não os usassem. Após lhe mostrar as estratégias de ajuda para enfrentar os medos, entregamos à mãe o decálogo contra o medo (ver próximo capítulo). Nesse caso, ela pediu para ficar na sala com o menino enquanto brincávamos de relaxar.

Brincamos, os três, de ser balões, enquanto ficávamos com os olhos fechados e, então, chegou a hora do conto-poema. Para fazer a história ser mais direta e ao mesmo tempo ampliar sua capacidade de prender a atenção (lembremos que era um menino muito agitado), decidimos elaborar alguns versos em estilo imperativo, incluindo, para isso, seu nome.

Outro conto para ajudar com o medo de barulhos

Às vezes, ao crescer...
Nosso corpo tem que se fortalecer.
E a cabeça, para não ficar para trás...
Tem que aprender, aos poucos, com o medo acabar.

Por isso, devemos lembrar, dia a dia,
Muito, muito devagarinho...
Que o medo é algo normal...
E desaparece, se aprendemos de forma diferente a respirar.

Por isso, agora, Pedro Antônio,
Você vai fazer com que o medo,
Muito devagarinho, muito devagarinho...
Do seu corpo saia sozinho...

Com esses truques todos,
Você vai conseguir que esses irritantes ruídos,
Dia a dia, semana a semana...
Parem de o assustar.

O ruído de um foguete
É como o de o motor de um carro.
Dá um sinal quando vai sair...
E, ao chegar, todos, contentes, começam a rir.

Os carros-foguete, com seu barulho a sair, relaxam e fazem você rir.

Os espectadores ficam muito contentes
Quando a seu destino chegam os carros de corrida.
Como as pessoas que estão vendo os foguetes,
Que dizem "oohh", para as estrelas, sorrindo.

Mas até que nosso medo disso se dê conta,
Temos que ficar tranquilos,
Pois o medo de ruídos desaparece
Com sorrisos e respiração paciente.

Lembre-se, Pedro Antônio, de respirar enchendo a barriga,
Deixando que o corpo descanse,
Imaginando uma corrida,
Vencida pelo carro que você tem.

Dessa forma, o medo vai desaparecendo,
Se todo dia fizer esse exercício.
Pois estará a sua cabeça ensinando
A fazer o medo levar sumiço.

Medo de engasgar

A razão que motiva a rejeição à comida é o terror de sufocar ou asfixiar-se ao ingerir alimentos, líquidos ou sólidos. Costuma surgir em crianças, ainda que também aconteça com pessoas mais velhas, após um episódio de engasgo com a comida, depois de uma crise de dor de garganta ou de um surto de asma, quando se passa alguns dias com dificuldade de deglutição.

Também há crianças que têm fobia de engolir e deixam de comer por medo de vomitar e sentir dor, em geral depois de terem vomitado após uma indigestão ou uma forte gastroenterite. Ou, então, por terem visto ou escutado essas coisas acontecerem com algum amigo ou adulto.

O caso de Paloma e seu amigo, o cavalo marrom

Paloma, de sete anos, estava magérrima. Tinha pele clara e olhos intensamente azuis. Seus cabelos castanhos eram longos e cacheados. Aparentemente era feliz, não existiam problemas familiares, não se detectavam problemas na escola, nem com seus amigos. Fisicamente estava bem e não havia nenhuma doença preocupante em casa. Mas ela tinha medo de comer, tinha medo de engasgar.

Por esse motivo, e porque sua mãe viera ao nosso consultório por outros motivos, decidiram trazê-la. O contato inicial foi muito bom. Estava tranquila, interagindo de maneira aberta conosco, respondendo de forma clara e ordenada e com expressões apropriadas a crianças de idade superior. Pelos dados que recebemos, tudo começou em uma festa de aniversário, havia cinco meses, quando ela engoliu o caroço de uma azeitona. Desde então, toda comida tinha de ser amassada, pois, do contrário, não comia.

Após informar aos pais sobre como deveriam encarar o fato de que Paloma estava assustada, entramos direto na introdução do balão e do conto. Foi de muita utilidade a informação que nos deu sua mãe, a sós, sobre como a menina ficava feliz quando montava cavalo com seu avô. A informação nos serviu para utilizar como protagonista um cavalo com grandes crinas marrons, sem que Paloma soubesse. Ao fim de uma semana, após praticar em casa com a mãe o relaxamento e repassar o conto, soubemos que ela havia começado a comer pequenos pedaços de carne, peixe, frios e frutas. Pouco a pouco, seguindo nossas recomendações, introduziram quantidades e pedaços maiores de alimentos.

Conto para ajudar com o medo de engasgar

Se você agora fechar os olhos,
Poderá comprovar
Como, pouco a pouco,
começará a imaginar.

A imaginar um lugar muito, muito tranquilo
Onde nossos amigos vão nos ensinar
Como poderemos relaxar,
Aprendendo lentamente a respirar.

Agora, escute atentamente
O que vou dizer.
Se você quiser e lhe agradar,
Com os olhos fechados também poderá sorrir.

Não faz muito tempo me contaram
Que, muito perto deste lugar,
Brincavam dois cavalos
A saltar, trotar e trotar.

Enquanto um deles saltava,
O de longas crinas marrons,
Enquanto comia uma maçã,
pobrezinho, engasgou.

O amigo com quem ele saltava,
Muito rápido o ajudou.
E, com sua longa crina negra,
Com suavidade e paciência o acalmou.

E Crina Marrom aprendeu a respirar. E, assim, muito tranquilo, sua comida engolir.

Acontece que, durante uns dias,
O cavalinho marrom
Ficava muito nervoso
Ante qualquer situação.

Mexia muito as patinhas,
Tinha medo de comer,
Quase tudo o assustava
E ficar sozinho o fazia sofrer.

Durante alguns dias, que tristeza,
Ficou meio desalentado.
Por isso, com presteza,
Crina Negra foi ver seu amigo adoentado.

E, então, ensinou-lhe
Um truque de cavalos
Para quando, ao comer, ficarem nervosos,
Que também serve aos humanos.
E lhe disse assim:

"Desde muito pequenos, os potrinhos,
Devagar, muito devagar, aprendem a respirar,
O que fazem todos os cavalinhos...
Antes do café da manhã, do almoço ou do jantar.

Temos que encher nossa barriga,
Como uma bonita bexiga,
Para que todo o nosso nervoso...
Muito, muito rápido desapareça.

Isso nos ajuda cada dia
A estar mais tranquilos,
A engolir com paciência,
A afastar da cabeça os grilos.

Por isso, todo dia,
Antes de comer,
Três ou quatro vezes, deve praticar
Para sua tranquilidade aumentar."

E, desta forma tão fácil,
Nosso amigo Crina Negra deixou ensinado
A nosso amigo Crina Marrom
Como se pode ficar sossegado.

E quem quiser que conte outro, pois este conto está acabado!
Beijos, muitos beijos.

Medo de injeção

A sensação de insegurança ante uma situação desconhecida, o contato com pessoas estranhas que invadem seu espaço vital e alguns procedimentos, que podem ser dolorosos ou requerer a separação da mãe (hospitalizações, radiografias etc.), são ingredientes de um coquetel que, misturado a sua grande imaginação, contribui para a criança encarar o âmbito médico como uma ameaça a seu bem-estar.

O medo de médicos e hospitais é evolutivamente compreensível e frequente nas crianças pequenas, sobretudo por volta dos cinco a seis anos de idade. Mas dele não estão livres nem os adolescentes nem os adultos.

Há vários motivos que podem explicar tal medo. A ansiedade da separação ou diante de desconhecidos são temores normais que denotam um vínculo saudável com a mãe ou cuidador e influem claramente nas situações médicas. Mas, a esses temores próprios da idade, costuma-se somar também uma informação insuficiente ou imprecisa. A criança tem uma percepção limitada do mundo e tudo o que não entende ou desconhece pode ser uma fonte de desconfiança.

Em outras ocasiões, pode relacionar-se a alguma experiência traumática, como um acidente, uma prática médica equivocada, um estado de saúde delicado, com histórico doloroso, ou, até mesmo, um medo adquirido de outras pessoas. As crianças captam facilmente os temores de seus pais, e de nada as ajuda ver os adultos, em quem confiam, hesitarem diante de decisões médicas, fraquejarem, sofrerem e duvidarem diante do choro infantil. O próprio medo dos pais atemoriza as crianças. Ainda que, como já sabemos, isso possa influenciar algumas crianças, mas outras não.

Conhecemos três crianças de uma mesma família que, apesar de serem filhos do mesmo pai e da mesma mãe, tinham reações totalmente diferentes diante de médicos e de injeções. Em dias de vacinação, o menino entrava tranquilo e sorridente na sala, subia sozinho na maca, baixava as próprias calças, esperava com calma e relaxado que lhe aplicassem a injeção, depois dizia alguma coisa engraçadinha e, com largo sorriso, estava pronto para outra. Isso aos cinco anos de idade. Sua irmã, com a mesma idade e também espirituosa, precisava que cinco enfermeiros a segurassem, antes que ela se jogasse no chão, para lhe aplicarem a vacina. Dois casos em que, diante da mesma situação, há reações muito, muito diferentes. E depois, o caso do irmão menor que, após um acidente em que fora atropelado e dera três voltas no ar antes de cair no chão, não adquiriu nenhum tipo de medo: nem de carros, nem de médicos, nem de injeções, nem de andar sozinho na rua… Nem de correr ladeira abaixo de bicicleta, sem freios, como um louco. Casos diferentes, com muitos denominadores comuns, mas com respostas muito diferentes.

O caso de Raul, que conseguiu escapar da dor

Para ilustrar esse medo, escolhemos o caso de Raul, de oito anos de idade, com autêntico pânico de injeções. Era uma criança tímida, reservada, sem necessidade de falar muito, que chegou agarrado a seu brinquedo favorito como um escudo protetor – um *transformer* com forma de dinossauro. Organizado, responsável e com muita curiosidade em aprender, tinha interesse por temas tão variados como a mitologia, o espaço, o mundo da natureza e o cosmos em geral. Não tinha irmãos e seus pais estavam separados há cinco anos. Dava-se muito bem tanto com o pai quanto com a mãe, com quem vivia durante a semana. Em fins de semana alternados, ficava com o pai e a companheira dele, com a qual também se dava muito bem. Seus pais mantinham uma relação cordial e em âmbito familiar estava tudo em paz.

Havia passado por todas as consultas médicas adequadas a sua idade, desde que nascera, sem problema aparente pelo fato de, eventualmente, precisar tomar uma injeção ou ser vacinado. Mas, desde que completara cinco anos, seu medo foi crescendo, a ponto de não tolerar fazer um exame de sangue, que em algum momento precisaria ser feito, em virtude de uma iminente operação de amígdalas. Os enfermeiros não se atreviam a introduzir o acesso venoso pelo estado de rigidez muscular a que chegava, devido aos pontapés e à força que fazia para dobrar o braço. Apesar de terem explicado ao menino a necessidade de realizar determinada intervenção, era impossível fazê-lo entender, devido a seu medo. As explicações eram inúteis, era preciso atuar de outra forma. Por isso, procuraram o consultório, após indicação do pediatra.

No consultório, esclarecemos aos pais que evitassem falar e refletir sobre o medo. O menino sabia que era uma prova pela qual precisava passar, mas não conseguia enfrentá-la. As explicações e justificativas dos pais em casa não adiantavam. Informamos, aos três ao mesmo tempo, que o importante era reeducar, voltar a ensinar, para corrigir a resposta equivocada que seu cérebro estava emitindo. Então lhes dissemos que, provavelmente, em algum momento a mente havia se assustado com a dor e começado a acreditar que qualquer tipo de injeção doeria muito, uma dor insuportável. É provável então que, por esse motivo, desde aquele primeiro momento, se assustasse antes mesmo da aplicação da injeção. Explicamos a ele – baixando a voz e sem dar demasiada importância ao comentário – que se ele quisesse deixar de ter medo, deveríamos tentar, sem um esforço muito grande, ensinar a mente outra vez, para ela aprender que nem sempre seria igual. Raul estava ainda mais perplexo. Assentia com a cabeça a tudo o que dizíamos e confirmava, com sua boca retorcida e seus olhos pensativos, que estava entendendo e se sentia identificado. Continuamos esclarecendo a eles que, se a mente quisesse aprender, aprenderia. Se não, esperaríamos alguns meses antes de voltar a tentar, pois o que tinha de aprender não dependia só de entender. O que ia aprender era a não ter medo, nada mais, mas isso às vezes é mais difícil do que simplesmente entender.

Colocamos em andamento os truques contra o medo. Antes de tudo, pedimos permissão a Raul para que seus pais saíssem e ficassem na sala de espera. Afinal de contas, isso era algo que dizia respeito a nós (utilizar o "nós" dilui a responsabilidade da troca entre "ele" e "mim"[2]). Nessa situação, a maneira pela qual isso se podia fazer entender por outras cabeças ou pela nossa, daria no mesmo. Ensinamos o menino a relaxar com a técnica do balão, e pedimos permissão para contar-lhe uma história muito especial, de um livro gigante que temos, no qual estão todas as histórias mais impressionantes. Nesse caso, após a primeira sessão, Raul conseguiu acalmar-se e, depois, passou pela "prova".

"Muito bem, agora feche os olhos e lembre-se de que você pode se mover, rir, chorar, coçar o nariz, tossir ou espirrar. Lembre-se de que você deve se sentir confortável e, para isso, pode fazer o que for necessário. Não se preocupe se surgirem outras ideias e pensamentos em sua cabeça. Não vai acontecer nada… Volte a escutar minha voz e siga por onde eu sugerir… Muito bem, com os olhos fechados, assim… Imagine, apenas imagine… o que eu disser… e rapidinho você começará a ouvir uma história com um final muito especial…"

Conto para ajudar com o medo de injeção

"Era uma vez um menino chamado Mário que vivia não muito longe daqui, em um lugar cheio de cores chamado

---

[2] No original, "entre ele e eu". Na gramática portuguesa, é uma construção errada (o certo é entre ele e mim). No entanto, o termo em espanhol é mais apropriado, devido à conotação psicanalítica do contexto, que faz referência ao ego da criança.

Dorín.[3] A natureza o encantava e ele sempre brincava fora de casa, num campo cheio de feno, com muitos amigos e amigas. Brincavam de piratas, de esconde-esconde, de fantasmas e de caçar dinossauros. Certo dia, e não era nenhum dia especial, em que brincava de amarelinha com seus amigos, começou a garoar. Então, correram todos a se refugiar sob uma pequena cobertura de madeira e se sentaram nos degraus da escada. Ali, todos juntos, em tão pouco espaço, só podiam conversar. Enquanto falavam de futebol, aconteceu uma coisa que agora vou contar.

– Ei, espera, você está ouvindo isso? – disse Mário em voz baixa e com cara de surpresa.

– O quê? Eu não estou ouvindo nada – comentou Laura, uma amiga que ele conhecia desde a escolinha e com quem costumava brincar todos os dias.

– Como assim, você não está ouvindo? – repetiu Mário, cada vez mais intrigado.

– Pare com essas bobagens? Quer assustar a gente? – respondeu Laura aborrecida.

– Claro que não! Faça silêncio... Agora, ouviu? – continuou Mário, perplexo.

Era verdade, podia-se escutar um leve gemido debaixo da escada onde eles estavam sentados. Todos ao mesmo tempo deram um salto e, silenciosamente, com valentia, dirigiram-se ao lugar de onde vinha o som. Ali havia um cachorrinho cor de canela, de olhos tristes e expressão de dor. Laura o pegou nos braços imediatamente, com muito cuidado, e lhe aqueceu. Os animais a encantavam e, como seus pais eram veterinários, sabia como cuidar deles.

---

[3] Dorín, fazendo um trocadilho com dor, num linguajar infantil.

Ao fecharmos os olhos, podemos imaginar um lugar bonito, onde gostamos de brincar.

– Devemos ir até minha casa. Meus pais vão cuidar dele, a patinha dele está machucada e ele precisa de uma injeção para a dor.

– Injeção?! Sinto muito, não suporto injeções. Eu não vou, não... É melhor eu ficar.

– Como assim? Você tem que vir e me ajudar. Olha, Mário, as dores do corpo revelam sinais que a gente precisa aprender a identificar. Meus pais são médicos de animais: curam e salvam os animais de muitas doenças. Eles me disseram que a dor é um alerta do corpo sobre o que pode estar acontecendo, e meus pais sabem disso muito bem! Senão, a doença pode tomar conta do nosso corpo. A picada da injeção pode até doer... mas a dor pode ser muito maior, se não quisermos fazer o tratamento. O medo, às vezes, faz isso... Não nos deixa fazer as coisas certas, mas, se conseguir entender isso, poderá mudar e, então, deixar que seu corpo se cure e você se sinta bem. Isso também acontecia comigo, sabe? Mas aprendi a fechar os olhos e a me imaginar num lugar tranquilo, onde me sentisse feliz: algumas vezes na praia, outras no campo, na minha casa ou no parque brincando. E depois de alguns minutos a dor desaparecia... Você não quer tentar? Por mim?

Mário ficou muito sem graça. Laura explicou tão bem, que, a partir daquele momento, ele deixou de ter medo. Bem, na verdade, de vez em quando, o medo ameaçava voltar, mas Mário se lembrava das palavras de Laura e, então, magicamente, ele desaparecia.

Medo de estranhos

Quase todas as crianças, por volta dos oito meses de idade, atravessam a chamada fase de vinculação e medo de estranhos. Nessa etapa, o bebê, que até então se mostrava amigável com todo mundo, começa a demonstrar algumas preferências. Assim, dividirá grandes sorrisos com o papai e a mamãe, e poderá chorar de medo quando se aproximar alguém que não faz parte de seu círculo habitual.

Esse medo de estranhos, como já comentamos, é adaptativo, e na maioria dos casos é seguido pelo medo da separação, que pode aparecer, aliás, de um dia para o outro. Isso pode acontecer por conta de mudanças que se produzem na percepção da criança, por volta do primeiro ano de vida, e têm a ver com a ideia de que as pessoas e as coisas continuam existindo, mesmo que ela não as veja. E também com o fato de que a criança começará a utilizar suas experiências para prever o que pode ou não acontecer.

Assim, nessa fase, a criança, que até então vinha ficando muito bem no berçário ou creche, de repente, e sem nenhum fato novo, já não querer ficar mais ali – pois percebe que os pais não estão lá e entende que, então, devem estar em outro lugar… "Que horror… Onde estão…?". Pode acontecer de a criança, ao observar você se vestir, pegar a bolsa ou as chaves, desatar a chorar desesperadamente. O que acontece, neste exemplo, é que já entende que você vai sair, mas o problema é que ainda carece de uma concepção linear do tempo. O medo é normal, pois não sabe se você regressará.

O caso de Ângela e sua amiga, a Grande Desconhecida

Ângela chegou ao consultório aos cinco anos de idade, acompanhada de sua mãe, atrás de quem se escondia enquanto nos olhava, com medo, furtivamente. Não queria ficar a sós conosco, nem ler sentada em uma cadeira individual. Tinha que estar o tempo todo tocando de alguma forma o corpo de sua mãe. Era assim desde a mais tenra idade, e pouco havia mudado, a não ser quando entrou na escola. O período de adaptação para ela foi bastante longo, durou seis semanas, quando, normalmente, essa fase se completa em duas semanas. Mas com ela foi difícil, pois era impossível desgrudar da mãe. Sua extrema tensão e o choro desconsolado dificultaram a adaptação. Como a mãe havia informado previamente à escola, Ângela era a última a entrar na sala, apesar de todos os dias ser levada no horário. O grande esforço, tanto da escola como da mãe, valeu a pena. Porque depois Ângela desfrutou muito das aulas e de seus amigos.

A menina vivia com sua mãe e seus bichos de estimação, um lindo gato malhado, uma tartaruga e um pequeno coelho branco. Não havia mais ninguém da família por perto. Saíam sempre, iam ao parque brincar com outras crianças, mas a mãe sempre se via diante do mesmo inconveniente. Com adultos desconhecidos por perto, Ângela não avançava nem um metro além de onde estivesse a mãe.

O medo de estranhos com o tempo costuma desaparecer, mas com Ângela não foi assim. Provavelmente, isso teve a ver com a insistência da mãe, bastante protetora, em repetir muitas vezes à menina que não devia falar com estranhos e que, se um homem se aproximasse, deveria ir correndo avisá-la.

Nesse caso, esclarecemos à mãe que, desde muito cedo, com aproximadamente um ano de idade, a criança intui que é independente, que não é uma parte de nós, o que provoca nela a sensação de vulnerabilidade. Como conhece bem as pessoas que estão diariamente com ela, assusta-se quando um desconhecido se dirige a ela ou tenta pegá-la nos braços. Essa reação é um sinal de maturidade e, portanto, é positiva. Mas, ao mesmo tempo, surge o inconveniente de aumentar sua dependência de nós, porque, se até então podíamos deixá-la alguns minutos sozinha, isso já não é possível, e ela protestará quando nos distanciarmos do seu campo de visão. Por outro lado, a criança já utiliza sua experiência anterior para prever os acontecimentos futuros. Assim, se pegamos a bolsa e as chaves do carro, antecipará que estamos para sair de casa. Sua memória e sua capacidade de antecipação aumentaram, mas, como ainda carece de uma concepção linear do tempo, não sabe se voltaremos logo, e isso a deixa assustada.

Também dissemos à mãe o que ela deveria fazer para que o medo fosse visto pela menina como algo normal, evitando exagerar na proteção, de forma a facilitar que ela se tornasse independente. Entregamos a ela o decálogo para serenar-se e serenar (ver capítulo seguinte).

Como nos casos anteriores, numa fase inicial de bate-papo descontraído, brincamos de relaxar no magnífico divã, onde as crianças "crescem uns milímetros e aprendem truques impressionantes contra os medos", e fizemos o relaxamento do balão (ver capítulo seguinte).

Conto para ajudar com o medo de estranhos

E agora, se você quiser esperar um pouquinho e escutar com atenção, vou contar a historinha do meu amigo, o gato Tigrão... Minha mãe me contava faz muito, muito tempo... A história começa assim:

"Era uma vez, um lindo gatinho de cor cinza e olhos negros que se chamava Tigrão. Ele vivia muito perto daqui, com sua linda e carinhosa mamãe gata, branca e de olhos azuis. Ele gostava de estar sempre ao lado dela, que era muito, muito, muito divertida e estava sempre brincando com ele. Ela nunca o deixava só. Quando iam ao campo passear, ele se agarrava ao rabinho da mãe para não se perder. Se encontravam alguém, nosso amigo Tigrão se agarrava ainda mais forte e arregalava seus enormes olhos, assustado. É que nosso amigo tinha medo de quem ele não conhecia, sabe? Ficava com medo, muito medo, e então se escondia.

Acontece que um dia, passeando junto ao rio, encontraram-se com um estranho. Era baixinho, mas grande. Estava amassado e era de cor verde. Caminhava tão devagar que irritava, de tão lento que ia. Tigrão levou um sustou tão grande, que deu um grande salto e desapareceu entre as patas de sua mãe. Quando se acalmou um pouco, sem ele esperar, apareceu no meio do caminho uma bola de pelos brancos e com antenas que o surpreendeu. Tigrão miou tão alto, que esse ser extraterrestre, dando saltinhos, desapareceu. Nosso amigo se assustou tanto, que precisou descansar. Mas, então, surgiu outro desconhecido! Tinha um focinho grande e pelo marrom, com quatro patas enormes. Seria um leão? Aquilo era desesperador! Não conseguia caminhar sem se assustar a cada instante!

Sua mãe, com lambidas e mimos, o tranquilizava e sua respiração serena o acalmava. Então, cantou para ele uma linda canção, e nosso amiguinho relaxou, e ali deitado sobre a grama uma doce voz escutou:

– Olá... Olhe, estou aqui – até que nosso amiguinho, olhando de um lado para o outro, identificou de onde vinha a suave voz.

Era algo enorme, gigante... Com um montão de patas, de pelo e... Tinha uns olhos enormes! Agora o susto foi maior ainda, já não sabia onde se enfiar. E então aconteceu algo impressionante... Essa coisa grande e desconhecida se movia da esquerda para a direita, de trás para a frente. Era como quando estava nos braços de sua mãe e ela o ninava, cantava canções e, então, ele relaxava. E a coisa não parava de assobiar e seus pelos pareciam que iam começar a dançar.

– O que foi, campeão? Está assustado com algum fantasma ou dragão? – falou essa coisa esquisita, com voz suave e olhar calmo.

– Não – explicou o gatinho com a voz assustada e muito, muito fraquinha.

– Bem, eu achei que você teria medo de mim, sou tão grande e sempre me movimento com o vento... Às vezes, posso assustar – disse-lhe com um sorriso amável a coisa, que apareceu não se sabe de onde.

Tigrão, assustado, a olhava de cima a baixo, e os olhos dessa coisa o observavam o tempo todo.

– Sabe, olhando daqui você parece pequeno como uma minhoca – disse-lhe sorrindo.

– Uma minhoca? E o que é uma minhoca? – perguntou o pequeno gato, intrigado.

– Ora, é um animal, como você, mas não tem patas, nem orelhas, nem pula. É pequenino, muito pequenino, e se arrasta pelo chão. São muito simpáticas as minhocas – explicou essa adorável coisa que parecia uma senhora.

Mas, para ele, isso não era divertido. E, então, Tigrão perguntou se esse bicho esquisito não lhe dava medo.

– Claro que não – respondeu –, as minhocas são minhas amigas. Eu tenho muitos amigos, e gosto de brincar com eles quando vêm me visitar... Porque eu não posso andar – sussurrou, com a doce e melodiosa voz, enquanto se mexia de um lado para o outro.

– Mas por que você não pode andar? – perguntou Tigrão, surpreso e preocupado, aproximando-se sem deixar de falar.

– Sou uma árvore! Como poderia andar, sem patas? – respondeu nossa amiga, a Figueira, com sonoras gargalhadas.

Tigrão ficou pasmo, petrificado, parado, não conseguia nem mover o rabo. Então ouviu a voz tranquila dizer:

– Cada um de nós tem um corpo diferente, isso é assim desde que nascemos... Acontece com todo mundo. Perto de você há tartarugas com suas carapaças duras, de cor verde ou marrom, que, quando andam, são muito lerdas – continuou a árvore tranquilamente. – De vez em quando poderá ver nossos amigos, os coelhos, com orelhas grandes e uma grande bola de pelo, que pulam pra lá e pra cá. E há flores coloridas e pássaros que voam no céu – continuou falando pacientemente a Figueira sorridente. – Também existem as lontras, que vivem no rio e quase sempre estão dentro da água. À noite ou de dia... faça calor ou frio. E, se você permitir que seus olhos aprendam a olhar, mesmo que não conheça todo mundo, verá que todos nos divertimos. Apesar de diferentes, todos somos iguais.

Então, Tigrão olhou para a mamãe, que o chamava, e, depois de se despedir de sua nova amiga, a Grande Desconhecida, tomou o caminho para casa. Ia caminhando muito feliz, contando a sua mãe o que tinha acontecido… que havia conhecido uma árvore gigante e agora era amigo dela… que suas patas eram feitas de raízes, e que ela tinha galhos… que seu pelo eram folhas verdes e que, no verão, ela se enchia de figos, que os pássaros e os seres humanos comiam.

Encontraram outra vez, no caminho, esse bicho estranho de cor verde e amassado.

– Que bicho é esse? – perguntou Tigrão, bem tranquilo.

– É a Senhora Tartaruga, que já está bem maior – respondeu sua mãe sorrindo.

Depois, dando saltinhos, apareceu a grande bola de pelos com antenas que o cumprimentou de cima de uma grande pedra. Tigrão, sem pensar duas vezes, respondeu-lhe com um "até logo". E, saindo do rio com seu pelo marrom todo molhado, apareceu o Senhor Lontra e, com uma voz engraçada, lhe disse:

– Mãe do céu, como você cresceu, parece um campeão.

É que o Senhor Lontra era amigo de sua mãe e de seu pai.

Esta história terminou, bata palmas quem gostou!

Apesar de todos sermos diferentes, se você deixar que seus olhos aprendam a olhar, verá que todos nos divertimos.

Capítulo 5

Algumas ferramentas úteis contra o medo

> O medo faz reproduzir o que se teme.
> (Viktor Frankl)

Neste capítulo, trataremos de resumir as orientações e estratégias que comentamos ao longo desta obra, acrescentando outras ferramentas que também podem ser de grande ajuda. Após um breve guia de "primeiros socorros", abordaremos o relaxamento de crianças e adultos e apresentaremos nosso decálogo para serenar-se e serenar. Veremos como usar os "cartões das emoções" com as crianças e, a seguir, recuperaremos e adaptaremos, da sabedoria popular, algumas estratégias eficazes contra o medo, tais como o desenho, as mandalas e a música.

Guia de primeiros socorros: decálogo contra o medo

A lista a seguir apresenta um resumo dos conselhos essenciais para lidarmos com o medo das crianças.

1. Lembremos que o medo é normal. Portanto, devemos procurar não negar o medo das crianças com frases tranquilizadoras do tipo: "Não se preocupe, não vai

acontecer nada"; "Monstros não existem!"; "Seja corajoso"; "Medo é coisa de bobos!".

2. É preciso falar dos medos com as crianças. E não há nada melhor do que servirmos de exemplo. Devemos falar com elas dos medos que temos ou tivemos e das pessoas que conhecemos e que também os têm, de modo a mostrar que os medos existem, mas podem desaparecer.

3. Se a criança tem medo, precisamos estar a seu lado. Não devemos fingir que não é da nossa conta. É uma emoção muito negativa para que a criança a vivencie sozinha. Ainda que a consideremos trivial, isso não significa que o seja de fato, e com essa atitude pode-se provocar um mal terrível à criança.

4. Evitemos utilizar o medo para corrigir condutas, pois estaremos ajudando a produzir um novo medo. Se quisermos que a criança se alimente, não devemos dizer, por exemplo: "Se você não comer, vou levá-lo ao médico e ele vai lhe dar uma injeção".

5. Evitemos também as discussões familiares. Aprendamos a falar a partir das emoções, de maneira clara e concreta, conversando sobre o que sentimos, tentando nos aproximar da criança. Assim, prevenimos que se instale um clima de tensão, que pode incutir medo nos pequenos.

6. Ensinemos e pratiquemos com as crianças o relaxamento emocional com o uso da imaginação.

7. Criemos um conto especial para ela. Ou vários, no decorrer dos dias.

8. Desenhemos com as crianças algo que elas imaginam a partir dos contos e dos medos. O desenho funciona como um diário no qual aliviar as emoções. Não é necessário refletir. Só desenhar.
9. Enchamos o ambiente com música. As de que a criança mais gostar.
10. Busquemos brincadeiras que ajudem a projetar os medos e façam com que as crianças possam avaliar a si mesmas, assim como os recursos que vão adquirindo. Por exemplo: cabra-cega, esconde-esconde, cartões das emoções etc.

Relaxamento para crianças: como um balão

Relaxar, como tantas coisas na vida, é questão de técnica e prática. Para ensinar uma criança a relaxar, leremos para ela as instruções a seguir, devagar, tentando dar ritmo à leitura, à voz e à respiração. Antes de nos recostarmos, respiraremos enchendo nossa barriga, como se fosse um bonito balão. Nossa respiração é responsável por ensinar ao resto do corpo como relaxar. Devemos lembrar que os balões, esses que flutuam, movem-se graciosamente no ar... flutuam suavemente entre as nuvens de algodão. Com esse simples truque, vamos ensinar nossa mente e o resto do corpo a se tranquilizar e não deixar que os medos consigam entrar, fazer com que fiquem do lado de fora.

Começamos recordando que, se fecharmos os olhos, eles podem se abrir. É permitido se movimentar, dar risada, chorar ou espirrar. Lembramos às crianças que, se dormirem, não irá acontecer nada, e que se abrirem os olhos e depois fecharem não há qualquer problema. Tudo é normal, se estivermos confortáveis. A seguir, lemos o texto a seguir, do Modelo 2.

A partir daqui, é preciso abandonar-se, deixando a racionalidade adulta de lado. Se você estiver bem, aja como se estivesse ainda melhor. Se suas emoções transbordarem, você saberá controlá-las. Então comece o conto, o seu conto para elas… as suas crianças. Aproveite.

Quadro 2. Guia de relaxamento do balão

Lembre-se de que vamos devagarinho ensinar nossa mente a respirar… Para que nosso corpo, pouco a pouco, possa relaxar… Muito bem, agora fechamos os olhos. E com os olhos assim fechados, respiramos devagar… Inspiramos devagar… e, a cada inspiração, nossa barriga se enche de ar e relaxa. Vamos nos imaginar relaxados, com o ar entrando pelo nariz e passando por todo o corpo, fazendo com que o corpo descanse. Então, imaginamos nosso rosto descansado… e nossos olhos relaxados, como se estivéssemos dormindo… A cada respiração, segundo após segundo, o corpo relaxa e descansa e, então, o nariz e a boca também descansam. Imaginemos como o nosso corpo, cheio de ar, descansa e relaxa como um balão que flutua no ar, tranquilo… Flutue descansado, como os balões que flutuam com suas belas formas, como, por exemplo, de unicórnio, cavalo alado, carro de corrida, foguete… com a forma de você mais gostar ou quiser… vamos descansar, respiração após respiração.

E, segundo após segundo, mais e mais relaxamos... Relaxe o pescoço, as costas... os ombros descansam... Respiração após respiração, imagine os braços descansados... as mãos e os dedos descansam... Agora, seu peito se enche de ar tranquilo e a barriga descansa, relaxa... Imagine as pernas e os pés e os dedos dos pés descansando, relaxados... flutuando... como se você flutuasse. Está como gosta, tranquilo e feliz. Todo o seu corpo descansa tranquilo. Então, a cabeça descansa e os medos relaxam. Sobem até as nuvens, que passeiam no céu... Quando o ar sai do corpo, ele empurra as nuvens e estas se distanciam... e o medo vai com elas... E assim, imaginando seu corpo descansado, relaxado, você respira devagar e o ensina que a qualquer momento, quando você estiver preocupado ou assustado, o ar que solta leva embora, para longe, as preocupações...

As respirações fazem com que seu corpo descanse e relaxe... e as coisas que nos preocupam e nos deixam nervosos vão embora e desaparecem... sobem às nuvens que flutuam no céu e se distanciam. Vão embora... E o medo se vai, e você se sente bem melhor... respiração após respiração... os ruídos que incomodam já não existem mais, foram embora, desapareceram, não assustam mais... segundo após segundo... minuto após minuto... hora após hora... dia após dia... Imagine como, a cada respiração, a cada segundo, você se sente melhor... Os medos se distanciam com as nuvens no céu, seu corpo aprende e você fica mais tranquilo, mais e mais relaxado... E a cada dia que passa seu corpo fica mais e mais forte... e o medo desaparece. Assim, se em algum momento sente um pouco de medo, suas respirações, enchendo a barriga como um balão, fazem com que ele se vá e desapareça... se distancie... Muito bem, agora, se quiser, eu conto a você uma história muito especial.

O voejar da borboleta e outras técnicas de relaxamento para crianças pequenas

Esses exercícios de indução ao relaxamento são para crianças menores, sobretudo para as que estão na educação infantil e no primeiro e segundo anos do ensino fundamental. São muito simples de aplicar, principalmente se lembrarmos que não é necessário que as crianças se concentrem em fazer uma respiração corretamente compassada, nem em seguir um ritmo excessivamente lento, podendo praticá-los sentadas, recostadas, em um sofá ou no chão.

Esses exercícios foram indicados a professores, que os aplicaram em sala de aula. Eles nos contam que foram muito úteis para controlar o excesso de atividade de alguns alunos, ajudando-os a se concentrar.

1. O voejar da borboleta: sentados, movimentamos muito suavemente os braços durante alguns segundos, antes de começarmos a atividade. Nós os movemos de cima até embaixo, bem devagar, enquanto o ar sai do corpo... voando. É um bater de asas suave, sem esforço, que se faz em silêncio ou com uma música de fundo. Para este exercício, a "Primavera", de Vivaldi (das *Quatro estações*), costuma agradar e relaxar, ao mesmo tempo que evoca, magicamente, o voo das borboletas.

2. A tartaruga que, lentamente, se estica: vamos esticar o pescoço e as extremidades bem devagar, lentamente, apoiando-as na parede, no chão, esticando-nos inteiramente e de forma bem lenta. Ao mesmo tempo,

deixamos o ar sair do nosso corpo. Os *Noturnos*, composições clássicas de Chopin, ajudam neste exercício.

3. O delicado vento: sentados, movimentamo-nos da direita para a esquerda. Podemos sincronizar um movimento mais tranquilo à cadência de uma canção popular, um movimento mais compassado (como o tique-taque) com a repetição de poesias ou preces matinais ou com algum conto em particular (como o de Bela).

4. Como um balão: enchemos nossa barriga suavemente de ar, como se fôssemos balões, suave e docemente cheios de ar, e depois o soltamos, muito, muito devagar.

Relaxamento para adultos

Quando estamos preocupados, nervosos, ansiosos, a mente se concentra no que mais a preocupa, no que mais nos atormenta, no que há de pior, no que mais nos altera. Se refletirmos um pouco, se tentarmos dar perspectiva ao nosso próprio pensamento, perceberemos que, definitivamente, a emoção que gera qualquer ideia que nos preocupe é sempre ansiedade, medo. Ansiedade física e emocional associada ao medo. Logo, se todos os pensamentos nos provocam a mesma emoção, então, o interessante não é a forma que eles assumem, e sim o que está subjacente ao estilo de pensamento e à sua capacidade de refletir continuamente sobre as coisas, tentando traduzi-las em palavras. Se pudéssemos resumir essa reflexão em uma frase, diríamos que "é o mesmo cachorro (ansiedade, medo), com coleira diferente (a imagem ou forma na qual se apresenta)".[1]

É preciso reeducar esse estilo de pensamento. Mas não podemos fazer isso apenas entendendo o que acontece. Recordemos que a emoção, muitas vezes, não entende a razão. Sabemos que não nos devemos sentir desta ou daquela maneira, que não há motivos aparentes para estarmos assim, que essas sensações não fazem sentido... Mas o fato é que elas surgem, mesmo que saibamos que está tudo bem.

Sabemos que isso em parte acontece porque nossa mente imagina, cria imagens no pensamento, provocando sensações, sentimentos e emoções... como o medo. Essas capacidades – a de imaginar e a de pensar – unidas podem nos fazer antecipar as consequências: acreditamos que algo vai acontecer e, em decorrência, nosso medo dispara. Assim, nos autoconvencemos, nos autossugestionamos. E, se o que queremos é ajudar nossos filhos a se acalmarem e a saberem enfrentar e eliminar seus medos, estaremos fazendo-lhes um desfavor ao contagiá-los com nosso próprio medo ou intranquilidade.

Por isso, consideramos importante aprender a reeducar esse aspecto de nossa mente, bem como utilizar essa capacidade de autoconvencimento, que é parte do nosso problema, como ferramenta de controle da ansiedade, já que tem tanta força e poder.

---

[1] Muitas das técnicas e métodos mais eficazes, que podem ajudar a lidar com a ansiedade, estão descrito nos livros *Superar la ansiedad y el miedo*, *Dominar las crisis de ansiedad* e *Dominar las obsesiones – una guía para pacientes*, de Pedro Moreno.

Eis aqui uma das muitas formas com as quais podemos aprender a relaxar nossa mente e nossas emoções, com a autossugestão. Para simplificar, podemos gravar as instruções do Quadro 3 e escutá-las enquanto estivermos praticando a arte de aprender a relaxar.

Quadro 3. Guia de relaxamento para adultos

Agora, feche os olhos... E com os olhos assim fechados, vamos respirar lenta e suavemente, imaginando como o ar que respiramos entra bem devagar em nosso corpo, relaxando-nos... Imaginemos como o oxigênio flui pelo nosso corpo relaxando-nos, serenando-nos... Imagine seu rosto sereno, liso, sem rugas, sem tensão... Imagine como a tensão de sua face se dilui, se dissipa, desaparece...

Imagine como, respiração após respiração, seu corpo cansado repousa e seus olhos fatigados descansam... suas pálpebras relaxam... Imagine como o nariz, as mandíbulas e a boca relaxam, se distendem. Imagine o pescoço e a coluna cervical descansando, relaxando... fazendo com que as costas relaxem e descansem, vértebra a vértebra, músculo a músculo, segundo após segundo, respiração após respiração. Segundo após segundo, minuto após minuto, os músculos descansam, os ombros perdem seu peso excessivo e relaxam, fazendo com que os braços e as mãos descansem... relaxem.

O peito relaxa, cheio de ar... E o estômago descansa, respiração após respiração. Segundo após segundo, respiração após respiração, minuto a minuto... as pernas repousam, fazendo com que os pés e os dedos dos pés descansem e relaxem. Desde a cabeça, percorrendo todo o corpo até a ponta dos pés, o corpo repousa, respiração após respiração, segundo após segundo... minuto após minuto...

Aos poucos os cinco sentidos relaxam, se deixam levar, adormecem. Os barulhos incômodos deixam de perturbar, ajudando a relaxar ainda mais o seu corpo… e a sua mente… Fazendo com que os pensamentos lentamente se dissipem, serenando, relaxando. Imagine seu corpo sem tensão, sem peso, leve, etéreo… sem peso, sem tensão… como uma pluma que flutua agradavelmente… sem peso, sem tensão… flutuando sossegadamente, sem peso…

Imagine-se flutuando diante de um quadro em que está registrado o seu medo, sua principal preocupação… Imagine-se tranquilo, sereno. A cada respiração, mais e mais você relaxa… mais e mais fica sereno… alonga-se… relaxa, tranquiliza-se… Imagine que a cada respiração, cada vez que expulsa o ar do seu corpo, esse ar vai de encontro ao medo e ele se distancia. A cada respiração, mais e mais você relaxa e o medo mais e mais se afasta. Você relaxa ainda mais, segundo após segundo, minuto após minuto, respiração após respiração…

Fazendo que seus pensamentos caminhem devagar, que seus sentidos se abandonem ainda mais, que seu corpo relaxe profundamente, levando sua mente a um estado profundamente relaxado, descansado, sereno, tranquilo… em que você se sente muito bem.

Desse modo, em qualquer momento, em qualquer situação, só ou acompanhado… ao sentir a tensão, ao sentir a preocupação, a sua respiração – segundo após segundo – ativará o repouso, a tranquilidade, a respiração serena e pausada e o medo se afastará, segundo após segundo, minuto após minuto, hora após hora… dia após dia, afastando o temor, diluindo-o… respiração após respiração, minuto a minuto, hora após hora, dia após dia… desaparecendo, desaparecendo mais e mais… mais e mais relaxado, mais e mais tranquilo, descansado... relaxado, sereno... sem tensão, sem medo, sem preocupação...

Bem devagar, lentamente, abra os olhos.

Decálogo para serenar-se e serenar

Sabemos que existem predisposições genéticas que nos afetam no momento de perceber e interpretar a realidade. Mas também sabemos que, quando somos pequenos, aprendemos com as experiências pelas quais passamos e ao observar a maneira com a qual os adultos nos ensinam a vivenciá-las. Aprendemos a viver com maior ou menor disposição para ver o lado bom e a descobrir a possibilidade de desfrutar a vida, se nossos pais forem pessoas positivas que prefiram ver o lado bom de tudo o que acontece, confiando neles mesmos e resolvendo os problemas com entusiasmo.

É importante, nesse sentido, aprender a administrar as decepções, superando-as como pedras que se tem de saltar no caminho, e não como indicadores de incompetência pessoal. Aprendemos que a imensa maioria dos problemas não são realmente tragédias irremediáveis, mesmo que os interpretemos assim. Nesse sentido, consideramos que os pais, professores e cuidadores podem fazer muito para ajudar as crianças a desenvolver aptidões para a felicidade. O decálogo a seguir pode ser bastante útil para esse intento.[2]

1. *Incentivar a alegria*. Aproveitar todas as situações possíveis para divertir-se com as crianças. Para cultivar o

---

[2] Este decálogo é baseado nas ideias de Rolando Martiñá, apresentadas em seu livro *Cuidar y educar: guía para padres y docentes* (2006).

sentido do humor e da alegria. Para ver o lado interessante e lúdico das coisas. E, sempre que possível, rir *com* as crianças (e não *delas*).

2. *Incentivar a independência.* Propor desafios e responsabilidades, e procurar que não sejam tão fáceis que não precisem se esforçar, nem tão difíceis que não consigam resolver.

3. *Ajudar as crianças, mediante o diálogo socrático*, ou seja, fazendo perguntas que as levem a questionar-se acerca dos problemas e a descobrir diferentes alternativas para solucioná-los. Evitemos dar-lhes respostas já elaboradas, propondo dificuldades de diferentes formas, que gerem suas próprias respostas, porque devemos lembrar que elas também têm opinião própria e o direito a manifestá-la. Nossa opinião, às vezes, pode não ser a mais acertada.

4. *Incentivar a atitude positiva.* Dentro do possível, procurar não se mostrar habitualmente muito queixoso, triste ou irritado e não transmitir mensagens de desesperança. As crianças tendem a tomar de maneira literal o que recebem dos adultos, e costumam interpretar essas mensagens de maneira depressiva ou catastrófica.

5. *Dar atenção a elas.* A confiança básica das crianças costuma basear-se na convicção de que ocupam um lugar importante na mente de seus pais, ainda que não seja por inteiro e o tempo todo. Levar alguém em consideração gera e realimenta a disponibilidade para essa pessoa. Ambas as vivências tecem a trama dos vínculos saudáveis que constituem uma das maiores fontes do bem-estar.

6. *Incentivar a capacidade de decisão.* Contribuir para que se estabeleçam equações razoáveis entre expectativas, realizações, projetos e recursos, como estratégia para prevenir excesso de frustrações que se podem evitar. Se o que se espera é exagerado, qualquer êxito será pouco, e se os planos ou projetos não consideram os meios para desenvolvê-los, correm sério risco de ir parar no vale das ilusões perdidas.

7. *Incentivar a autoconfiança.* Ajudar as crianças a cultivar o otimismo realista diante de qualquer a situação, sem passar a mão na cabeça, dizendo "tudo bem", mas reconhecendo os recursos delas, o valor das experiências anteriores e, sobretudo, a confiança nelas, construída sobre o que sabemos a respeito de "quem elas são e do que são capazes". Do "sejam realistas, peçam o impossível" que se disseminou nos anos 1960, e que podemos caracterizar como expressão poética da rebeldia juvenil, deveríamos passar para o mais adulto "sejam realistas, façam o possível", trocando o "impossível" por "possível" e o "pedir" por "fazer".

8. *Incentivar momentos proveitosos.* Ainda que seja pouco, desfrutar compartilhando atividades, motivação, atitude positiva e boa comunicação, facilitará o modelo familiar independente, estreitando os vínculos entre pais e filhos.

9. *Recordar que ser uma pessoa feliz é condição necessária, mas não suficiente, para que as crianças também o sejam, e vice-versa.* Muitas vezes a felicidade dos pais passa por "ver seus filhos felizes", mas também, e isso é muito saudável, que seja fruto do desenvolvimento profissional, da

satisfação que deriva da vocação ou do resultado da dedicação a nossas afeições. Devemos estar conscientes de que o papel de pais é, paradoxalmente, uma tarefa de tempo integral que só podemos desempenhar em tempo parcial.
10. *Aprender a aceitar a vida como processo.* Uma mistura em movimento de acaso e razão, de sentimentos e crenças, de lógica e fantasia, de êxitos e fracassos, para a qual é tão contraproducente querer controlar tudo como permitir passivamente que tudo nos escape das mãos. Sempre será bom ter algo bonito para lembrar, algo interessante para fazer e algo que dê esperanças para sonhar.

Do que se disse, conclui-se que a felicidade, ser feliz, é um estado de bem-estar geral baseado em sentimentos de paz e serenidade, autoestima e satisfação pessoal, no qual os momentos positivos superam os negativos. É possível construir climas interpessoais mais ou menos favoráveis ao bem-estar, aprendendo atitudes diferentes que substituam as que nos fazem sofrer. Isso depende de nós e, se acreditamos que não temos essa disposição, deveríamos trabalhar para consegui-la.

Cartões das emoções

As crianças, desde muito cedo, começam a rabiscar para se expressar. Quando completam três ou quatro anos, começam a deixar claramente reconhecíveis as figuras que desenham, aparecendo, então, um amplo conjunto de sinais, traços e rabiscos.

Ao final da fase dos rabiscos, a figura humana é um dos primeiros motivos que se pode distinguir ou reconhecer nos desenhos infantis e permanecerá como figura preferida em qualquer idade. As figuras humanas são as mais desenhadas. Ao final da infância, esse tema aparece em praticamente todos os desenhos espontâneos das crianças. Depois das figuras humanas, o sol é a figura mais desenhada. As casas, as árvores, as nuvens aparecem junto às pessoas e ao sol.

Esses desenhos infantis mudam ou evoluem com a idade. Por exemplo, as primeiras figuras humanas que aparecem nos desenhos infantis, por volta dos quatro anos de idade, parecem flutuar em um espaço indiferenciado; aos sete ou oito anos, já estão de pé ou deitadas.

O que tudo isso nos sugere é que as crianças, desde a mais tenra infância, precisam dar forma ao que veem e sentem. Para elas, o recurso de desenhar é uma ferramenta acessível com as quais nos mostram o seu interior. Da mesma forma, sabemos que lhes mostrar um desenho simples, com traços básicos, as ajuda a canalizar as emoções e manifestá-las sem ter que dar explicações. Isto é o que chamamos de *cartões das emoções,* um apoio importante para facilitar que as emoções sejam demonstradas livremente ao ver cada desenho que as representam.

A brincadeira consiste em mostrar o cartão, falar da emoção que ele sugere e, entre outras coisas, desenvolver um conto sobre ela aproveitando qualquer um dos divertidos modelos do capítulo 3. Pode ser com animais, objetos, plantas, bichos, pessoas...

Eis os cartões, que você pode fotocopiar e colar sobre cartolina. Já estão prontos para brincar!

Triste

Contente

Feliz

Confuso

Contrariado

Assustado

Com raiva

Aborrecido

Desenho espontâneo, mandalas e canções

Um pequeno passeio pela história mostra como, desde a Antiguidade, são conhecidos os benefícios da arte e quais as origens da terapia feita por meio dela. A necessidade de combater alguns males endêmicos da sociedade atual, bem como uma visão mais integral do paciente na medicina contemporânea, fez com que o interesse por esse tipo de terapia crescesse significativamente.

A expressão do desenho e da pintura leva as crianças a exteriorizarem, sem travas, seus pensamentos, emoções e sentimentos relacionados a suas vivências. As palavras impõem limites, mas as imagens possuem um nível de penetração na mente que supera o pensamento verbal.

Às vezes, os desenhos infantis apontam para informações que jamais nos seriam comunicadas de outra forma. Cenas que representam as férias de verão, a excursão da escola ou a chegada de um irmãozinho nos mostram que a representação dos desenhos das crianças pertence tanto ao mundo consciente como inconsciente, por meio do qual podemos descobrir como vivem essas experiências. A comunicação pelo desenho ou pela pintura se baseia na linguagem das imagens e na sua interpretação, pois o processo permite expressar conflitos pessoais sem controle consciente. Os benefícios da arte-terapia estão na exteriorização, na possibilidade de exteriorizar problemas ou conflitos internos através do desenho ou da pintura.

A arte estimula as capacidades próprias do indivíduo, desenvolve sua criatividade e a expressão individual como meio de obter satisfação e aprimorar-se. Permite também projetar conflitos internos e, assim, oferece a possibilidade de resolvê--los. Toda pessoa é capaz de ser criativa, e isso é uma necessidade, um impulso inato no indivíduo. A possibilidade de criar é onde reside a grande força terapêutica da arte.

O desenho espontâneo

Desenhar e pintar são as atividades artísticas mais frequentes das crianças. Por isso, as características desses desenhos, seus sentidos e significados, sua evolução ou desenvolvimento são assuntos da máxima importância na educação artística. Meninas e meninos, antes dos dois anos de idade, começam a desenhar de forma espontânea e natural, expressando assim as emoções que guardam dentro de si.

Cada pessoa tem sua própria forma de desenhar. As imagens e cenas desenhadas espontaneamente pelas crianças apresentam traços e formas características que as distinguem umas das outras e, em muitos casos, são uma mostra do que está acontecendo a seu redor e em seu interior. O desenho e a arte infantil constituem as imagens e as obras que as crianças produzem de maneira espontânea, quando lhes facilitamos e as motivamos para que desenhem por si mesmas, sem ter que imitar ou seguir nenhuma linha preestabelecida ou alheia a seu modo próprio de desenhar. Por esse motivo, desenhar livremente – inspiradas pelo conto que acabam de escutar – ajudará a que manifestem os sentimentos de seu sistema emocional, o que facilita a reorganização e a transformação de suas emoções e medos.

O desenho, ao dar forma à emoção transformada, serve de recordação. Podemos pendurá-lo em um lugar visível da casa, convertendo-o em uma importante obra de arte.

Mandalas

Segundo o dicionário, as mandalas são diagramas compostos de formas concêntricas ou representações esquemáticas ou simbólicas do macrocosmo e do microcosmo, utilizados no budismo e no hinduísmo como ponto focal para meditação. Como dizem Marion e Werner Küstenmacher (2002):

> As mandalas são muito importantes no budismo, já que servem de instrumento para a meditação religiosa. As mais conhecidas são as dos monges tibetanos: figuras gigantes feitas de areia colorida no chão dos mosteiros cuja criação se prolonga durante semanas. Quando a mandala está terminada, os monges as destroem, pois o importante não é a obra de arte terminada, mas seu processo de criação. O caminho é a meta.

Considerações religiosas à parte, fazer ou colorir mandalas é um exercício indicado para pessoas de qualquer idade. As crianças se divertem muito. Se forem bem orientadas e motivadas, podemos deixar que elas mesmas as inventem ou oferecer outras já prontas, para que as imitem. As mandalas também podem ser usadas na decoração da casa. Com elas, as crianças podem começar a desenvolver seus talentos criativos, sua concentração e, inclusive, o tão desejado dom da paciência, suavizando o excesso de ansiedade, sobretudo após uma sessão de relaxamento e indução ao conto.

Eis alguns métodos para criar suas próprias mandalas:
- Em um círculo grande, carimbar ou desenhar figuras geométricas concêntricas. O traçado de vários círculos concêntricos servirá de guia e ajudará a ordenar seu desenho.
- Recortar um círculo de papel e dobrá-lo no meio e, depois, mais uma, duas ou três vezes. Recortar pequenos pedaços. Abri-lo e, sobre uma folha, preencher os buraquinhos e as bordas com uma caneta hidrográfica escura. Pronto, já temos nossa mandala original, simétrica e pessoal.
- Depois, as crianças podem colorir da forma que desejarem ou seguindo uma direção, de dentro para fora ou de fora para dentro. Vejamos algumas mandalas, feitas para colorir.

Música e canções populares

Desde o nascimento, observamos como o bebê reage aos ritmos alegres, melancólicos e repetitivos da música. Em todas as pessoas, a música desempenha um papel importante ao longo da vida. Pensemos nas canções de ninar, as que cantávamos na escola, as que todos cantarolamos na adolescência identificando-nos com nossos ídolos do momento, as canções de Natal, as das festas populares. Até as marchas fúnebres acompanham o indivíduo pela vida.

As circunstâncias da vida às vezes nos provocam emoções como tristeza ou alegria, certeza ou dúvida, ansiedade ou calma, medo ou segurança, e todas elas se originam no cérebro. Como sabemos, o cérebro é o organizador motriz que alimenta todas as atividades e as controla em todos os níveis e órgãos. Por isso se diz que os ritmos cardíacos se aceleram ou ficam mais lentos na medida em que se sincronizam com os ritmos musicais, que influem também sobre o ritmo respiratório, a pressão arterial e os níveis hormonais. Quando falamos de crianças ou bebês, isto é muito simples de comprovar, pois, quanto mais tranquilos seus pais estiverem e mais fé tiverem em si mesmos e em seus recursos, mais sereno o bebê ficará – desde que suas necessidades básicas estejam satisfeitas, é claro, e ele não estiver com gases ou com as famosas cólicas de lactente. Mas até nesses casos funciona.

Às vezes, usamos a música para facilitar a evolução da terapia, pois faz papel de guia, facilitadora, ponte de ligação entre a criança e suas emoções, sem que inicialmente se façam perguntas sobre elas. É útil no trabalho psicológico, tanto com crianças quanto com adultos, em temas relacionados ao crescimento pessoal, com crianças hiperativas, depressivas e agressivas. Também é muito útil no tratamento de crianças com problemas de interação social e de comportamento, por déficits psíquicos ou físicos, mesmo os relacionados ao autismo. Em relação à dor física proveniente de intervenções, doenças, nos cuidados paliativos e no encontro com a morte, a música é uma ferramenta canalizadora muito potente, ao facilitar que as emoções saiam sem a necessidade de serem julgadas, tanto nos adultos como nas crianças.

A música e os contos estão estreitamente ligados, pois ambos projetam na imaginação um mundo diferente e distante do presente. Nas crianças isso é mais simples.

Quando narramos uma história, se pudermos ser acompanhados por música, a projeção pessoal e a consequente sugestão virão ao mesmo tempo. Podemos fazer isso, inclusive, com as crianças de apenas um ano de idade, pois elas podem aprender a escutar música. Se escolhermos uma música lenta e dançarmos com a criança, com movimentos pausados, aumentando o ritmo pouco a pouco, até chegar ao galope, com isso conseguiremos relaxá-la, facilitar a emoção positiva e mantê-la no jogo da escuta.

A seguir, apresentamos algumas composições clássicas que julgamos interessantes, pelo poder de movimentar as emoções.

- *Aprendiz de feiticeiro*, de Paul Dukas
- *Ave-Maria*, de Franz Schubert
- *Quebra-nozes*, de Piotr Ilitch Tchaikovsky
- *Concerto para piano número 2: Allegro*, de Dmitri Shostakóvich
- *Consagração da primavera*, de Igor Stravinski
- *Dança das horas*, da ópera *La Gioconda*, de Amilcare Ponchielli
- *O carnaval dos animais: Final*, de Camille Saint-Saëns
- *O pássaro de fogo*, de Igor Stravinski
- *As quatro estações*, de Vivaldi
- *Noturnos*, de Chopin
- *Os pinheiros de Roma*, de Ottorino Respighi
- *Pompa e circunstância*, sobretudo as marchas 1, 2, 3 e 4, de Edward Elgar
- *Tocata e fuga em ré menor*, de Johann Sebastian Bach

- *Sinfonia n. 5*, de Beethoven
- *Sinfonia pastoral*, de Beethoven

Também não nos podemos esquecer das cantigas infantis e de roda, cujas letras seguem motivando e ensinando coisas da vida. Por exemplo:

- *Se essa rua fosse minha*
- *Corre cotia*
- *Pastorzinho*
- *Peixe vivo*

Existem também alguns filmes que unem a magia do conto com a música. Eis alguns:

- *Fantasia*, Walt Disney (1940)
- *Fantasia 2000*, Walt Disney (1999)
- *Momo e o senhor do tempo*, Johannes Schaaf (1986)
- *A história sem fim*, Wolfgang Petersen (1984)
- *O Mágico de Oz*, Victor Fleming (1939)

Capítulo 6

Epílogo

E, finalmente, chega o desenlace deste livro, a parte final da história, na qual, por meio da conhecida *moral*, indicava-se ao ouvinte, criança ou adulto, o sentido profundo da história.

Tentamos mostrar como os contos, mesmo que sejam narrados no presente, conseguem mobilizar as emoções, transportando-nos para outros mundos, outros lugares e momentos. As crianças são capazes de captar emocionalmente a essência da história, aquilo que está além das meras palavras e do excesso de detalhes, mesmo que no final não se mencione uma moral, nem seja dada uma explicação exaustiva.

É o despertar emocional, distanciado da razão e do excessivo julgamento. Sem ter muito claro como as crianças o fazem, o que podemos dizer é que, em determinado momento, são capazes de ver e ouvir a história entre o protagonista e seu ajudante e captar o que os vincula. Dessa maneira, as imagens que se formam em sua mente se fundem com elas e com suas emoções, com seus afetos, e então se convertem em protagonistas. Mesmo que ninguém as ensine. Não precisam de explicações quando a mente se desinibe e se deixa levar pela capacidade de autossugestionar-se.

É aqui que a fantasia, que se constrói com a realidade e a partir da realidade, consegue criar a solução para eliminar nossos medos. A imaginação, elo essencial da inteligência reprodutiva, facilita-nos a imagem prática, que representa a realidade da qual necessitamos: se tenho sede, imagino um copo cheio d'água; e se tenho medo da escuridão, uma cama confortável repleta de bichos monstruosos!

Ao longo dos capítulos, procuramos apresentar o maravilhoso mundo dos contos, fornecendo ferramentas que consideramos úteis para criá-los e poder contá-los, ajudando assim as crianças a enfrentarem seus temores.

Esperamos que, com essas ferramentas, você possa converter-se no duende ou na fada maravilhosa que, aparecendo à noite ou durante o dia, ajuda o valente protagonista de sua vida, transportando-o para maravilhosos mundos repletos de sentimentos positivos, nos quais se sentirá com força necessária para enfrentar os dragões-medos de sua história.

... Este livro terminou, bata palmas quem gostou!

Bibliografia

ALLEN, R. P. *Guiones y estrategias en hipnoterapia.* Bilbao: Desclée De Brouwer, 2002.

BIEDERMAN, Hans. *Diccionario de símbolos.* Barcelona: Paidós, 1993. [Ed. bras.: *Dicionário ilustrado de símbolos.* São Paulo: Melhoramentos, 1994.]

BRASEY, E.; DEBAILLEUL, J. P. L. *Vivir la magia de los cuentos.* Madrid: Edaf, 1999.

BRYANTS, Sara. C. *El arte de contar cuentos.* Barcelona: Hogar del libro, 1987.

FISCH, R.; WEAKLAND, J. H.; SEGAL, L. *La táctica del cambio.* Barcelona: Kairós, 1996.

GOLEMAN, Daniel. *La inteligência emocional.* Barcelona: Kairós, 1996. [Ed. bras.: *A inteligência emocional.* São Paulo, Objetiva, 1996.]

_____. *El espíritu creativo.* Barcelona: Ediciones B., 2009. [Ed. bras.: *O espírito criativo.* São Paulo, Cultrix, 1998.]

GRÜN, A. *Autosugestiones: el trato con los pensamientos.* Bilbao: Desclée De Brouwer, 2004.

JODOROWSKY, A. *Donde mejor canta un pájaro.* Buenos Aires: Planeta, 1994.

JUNG, C. G. *El hombre y sus símbolos.* Barcelona: Caralt, 1997. [Ed. bras.: *O homem e seus símbolos.* São Paulo, Nova Fronteira, 2008.]

KÜSTENMACHER, M.; KÜSTENMACHER, W. *Mandalas.* Barcelona: Obelisco, 2002.

MÉNDEZ, F. J. *Miedos y temores en la infancia.* Madrid: Pirámide, 1999.

MORENO, Pedro. *Superar la ansiedad y el miedo: un programa paso a paso.* Bilbao: Desclée De Brouwer, 2002.

_____; MARTÍN, J. *Dominar las crisis de ansiedad: una guía para pacientes.* Bilbao: Desclée De Brouwer, 2004.

_____; GARCÍA, J.; VIÑAS, R. *Dominar las obsesiones: una guía para pacientes*. Bilbao: Desclée De Brouwer, 2008.

OLLENDICK, Thomas; HERSEN, M. *Psicopatologia infantil*. Barcelona: Martínez-Roca, 1993.

RODARY, Gianni. *La gramática de la fantasia*. Barcelona: Hogar del Libro, 1973. [Ed. bras.: *A gramática da fantasia*. São Paulo, Summus, 1982.]

ROSEN, Sidney. *Mi voz irá contigo*. Barcelona: Paidós, 1994. [Ed. bras.: *Minha voz irá contigo*. Campinas: Livro Pleno, 2002.]

ROSENZWEIG, M. R.; BREEDLOVE, S. M.; WATSON, N. V. *Psicobiologia: una introducción a la neurociencia conductual, cognitive y clínica*. Madrid: Ariel, 2005.

STOTT, R.; MANSELL, W.; SALKOVSKIS, P.; LAVENDER, A.; CARTWRIGHT-HATTON, S. *Oxford guide to metaphors in CBT: building cognitive bridges*. Oxford: Oxford University Press, 2010.

TUCCI, N. *Cuentos para que pien-zen*. Madrid: Ediciones Librería Argentina, 2006.

WATZALAWICK, Paul. *¿Es real la realidad?* Barcelona: Herder, 1992.

_____. *El arte del cambio*. Barcelona: Herder, 1992.

_____. *El arte de amargarse la vida*. Barcelona: Herder, 1995.

_____. *El lenguaje del cambio*. Barcelona: Herder, 1992.

_____. *Lo malo de lo Bueno*. Barcelona: Herder, 1990.

ZEIG, J. *Un seminario didáctico con Milton Erickson*. Buenos Aires: Amorrortu, 1992.

_____; GILLIAN, S. *Terapia breve: mitos, métodos y metáforas*. Buenos Aires: Amorrortu, 1994.

Impresso na gráfica da
Pia Sociedade Filhas de São Paulo
Via Raposo Tavares, km 19,145
05577-300 - São Paulo, SP - Brasil - 2016